신학 탐구 방법론

VISION AND DISCERNMENT: An Orientation in Theological Study By Wood, Charles M. © 1985
Wood, Charles M. Publication date: January, 2002 By Wipf and Stock Publishers
150 West Broadway/Eugene, Oregon 97401. Previously published by Scholars Press, 1985.
Translated and used by the permission of the author and arrangement with the original
publisher, Scholars Press, Atlanta, Georgia, USA. All rights reserved.
Korean Translation by Kim, Heung-Gyu. Copyright © 2020 by Dong Yeon Press
이 책의 한국어판 저작권은 저작권자와의 독점 계약을 통해 동연에 있습니다.
신저작권법에 따라 한국 내에서 보호를 받는 저작물이므로 무단 전재와 복제를 금합니다.

신학탐구방법론

2020년 1월 22일 인쇄
2020년 1월 30일 발행

지은이 | 찰스 M. 우드
옮긴이 | 김흥규
펴낸이 | 김영호
펴낸곳 | 도서출판 동연
등 록 | 제1-1383호(1992년 6월 12일)
주 소 | 서울시 마포구 월드컵로 163-3
전 화 | (02) 335-2630
팩 스 | (02) 335-2640
이메일 | yh4321@gmail.com

Copyright ⓒ 도서출판 동연, 2020

ISBN 978-89-6447-548-5 93230

신 학
탐 구
방법론

□

찰스 M. 우드 지음 | 김홍규 옮김

동연

한 국 어 판 인 사 말

　이 책은 신학 교육의 목표와 동향, 구조에 대해 상투적으로 답습해 온 몇 가지 가정에 이의를 제기합니다. 이 가정은 19세기 초 이래로 전 세계 대부분의 개신교 신학 교육에 강력한 영향을 끼쳐 왔습니다. 이 책은 최근 비교적 수많은 북미 신학 교수들이 관심과 정력을 기울여 왔고, 이제 다른 여러 나라의 신학자들에게까지 확산되고 있으며 활발히 지속되고 있는 기초 신학의 토론에 이바지하고자 집필됐습니다.

　본서의 주목적은 구성적^{constructive}(어떤 학자의 입장이나 기존 사상을 "비판 분석하는 것$^{critico-analytical}$"이 아닌 새로운 학설을 만들어낸다는 의미로_옮긴이 주)인 것으로서, 종래에 생각해온 신학 연구 방법으로 불가피하게 발생한 몇 가지 난제를 극복하고, 변화하는 세계에서 기독교인으로서 우리가 함께 직면할 미래에 더 잘 대처할 수 있도록 신학 연구의 본질을 밝히는 데 그 목적이 있습니다. 북미 신학계에서 본서가 받은 평판은 고무적이었는데, 저는 이 책이 한글로도 번역돼 더 많은 독자들에게 읽히게 돼 매우 기쁩니다.

　저의 제자 김흥규 박사가 이 책의 한글판 번역 작업에 성심성의를 다해 준 것에 경의를 표합니다.

찰스 M. 우드

머 리 말

　이 책은 광범위한 의미로의 기독교 신학에 관한 입문서다. 본서의 주제는 오늘날 '신학'이라는 제목으로 흔히 신학 커리큘럼에 지정된 조직신학이나 교의학과 같은 단일 과목이 아니다. 신학 커리큘럼 전체와 신학 전반에 걸친 모든 학과목이 이 책이 다루는 주제인데, 이 학과목들이 함께 모여 신학 작업이 구성되고, 이 학과목들을 연구함으로써 신학 교육이 이뤄진다.

　지난 수십 년간에 걸쳐서 모든 것을 아우르는 포괄적 신학 입문의 가능성이 점차 더 희박해지고 있는 듯이 보인다. 신학을 하나의 전체로서 생각하는 것—즉, 신학 커리큘럼에 포함된 모든 신학 연구를 한데 모아놓는 것—이 어떤 내적 통일성이 있다거나, 이 내적 통일성과 관련해서 어떤 공통의 목표가 있다고 생각하는 것은 매우 난망(難望)한 일이 되고 말았다. "신학 백과사전" 강좌—즉, 그 통일성과 다양성에서 신학 연구 입문을 일컫는 옛 명칭—는 20세기 초 대부분의 신학 대학 커리큘럼에서 그 백과사전 강좌의 교과서들과 함께 자취를 감추고 말았다. 그러는 사이에 '조직신학'(조직신학은 이미 오랫동안 신학 가운데 최고의 신학이 됐고, 사실상 오늘날 '신학'이라는 이름을 독점하는 분과이기도 하다) 분야를 제외하고서, '신학'이라는 용어는 점점 더 많은 학과목과 교과 과정의 분과에서 사라졌다. 성서,

교회사, 윤리, '신학', 목회 사역의 다양한 기능, 이런저런 부수 과목들을 연구하고 가르치는 일은 서로 별 차이 없이 그런대로 각자 나름의 고유한 길을 걸어왔다.

물론 어떤 점에서 이런 현상은 건전한 발전이었다. 앞에서 말한 연구가 교조주의적이고 교회 중심적 통제에서 벗어나 독립적 비판 과목으로 발전하게 된, 200년 전부터 시작된 과정이 계속된다는 점에서 건전한 발전이었다. 어떤 의미에서 이 신학 과목들이 비(非)신학 과목들이 되지 않았더라면, 성서학이나 교회사, 종교학, 목회학을 비롯한 그 밖의 분야에서 엄청난 성과를 거둔 근대 혁명은 불가능했을지도 모른다. 이 신학 과목들이 다루는 주제나 그 주제를 연구할 때 필요한 적절한 방법론과 관련해서 전통적으로 답습해 온 신학 결단을 내릴 때 가해진 제약에서 벗어나는 것은 불가피했다. 그 대신 이 신학 과목들이 비판 역사학이나 인간학, 사회학처럼 새로이 출현한 '세속' 과목들의 자원을 받아들여, 오늘날 우리가 이 신학 과목들을 이해하는 방법과 내용에 비판 신학으로서의 일대 돌파구를 찾게 된 것 역시 불가피했다. 바로 이런 의미에서 신학 과목이 비신학적이고, 심지어 세속 학문 그 자체가 될 수밖에 없었다. 이 책에서 말하는 이런 의미의 세속화 현상 때문에 신학 과목들은 진정으로 신학적인 과목들이 될 가능성을 찾게 됐다.

하지만 세속화로 말미암아 신학 특유의 유용성이 불분명해졌고, 신학을 다른 세속 학문으로부터 세분화시키는 일 역시 더욱 힘들게 됐는지 모른다. 하나의 비유를 들어 이런 현실을 설명하는 것이 좋겠다. 정부 시책에 충성하는 것을 국가에 충성하는 것과 똑같게 여기는 맹목적 애국주의자가 때로 정부 시책을 비판하는 시민보다 훨씬 더 애국적 인사처럼 보일 수 있다. 맹목적 애국주의자가 국가를 무비판적으로 지지하는 것보다 정부 정책을 비판하는 시민의 언행이 훨씬 더 진실하고 충성된 것임에도, 어떨 때는 그런 비판적 시민의 언행이 국가의 공적公敵으로 지목된 매국노의 언행과 조금도 다를 바 없는 것처럼 보일 수도 있다. 국기國旗를 흔들며 노골적으로 애국심을 선동하는 다양한 행위가 비판적 시민의 애국심보다 훨씬 더 애국적으로 보일 수 있다는 말이다. 정부의 특별 정책이나 관행은 물론이고, 국가의 목표나 시민이 해야 할 도리와 애국심의 의미, 국가에 대한 충성이 다른 대상에 대한 충성과 어떤 관계가 있는가 등등의 문제에 대해 비판적 시민의 애국심은 맹렬한 질문 공세를 퍼부을 수 있다. 비판적 애국심은 자신의 조국을 내부 시각에서뿐만 아니라 외부 시각에서도 살펴보려고 할 것이고, 이기심 때문에 사물을 왜곡하는 현상을 시정하려고도 할 것이다. 진실을 캐려고 집요하게 파고들 때, 이처럼 반드시 애국적인 것이 돼야만 한다는 법은 없다. 다른 사람 역시 다른 동기로 이와 동일한 질문을 제기할 수 있다. 진실을 캐내려는 탐구가 책임적 시민 정신과 어떻게 양립할 수 있는지를 —또한 책임적 시민으로 살아가려면 이런 진실 탐구의 자세가 꼭 필요하다는 사실을— 설명하는 것은 복잡한 과제일 수 있다. 이것은 특히 비판적 질문을 제기하는 것을 비애국적 자세로 폄하하거나, 끊임없이 비판적 질문을 던지다 보면 어쩔 수 없이 애국심이 약화된다는 단순

견해를 가질 때 사태는 복잡해진다.

오늘날의 신학 커리큘럼에 포함된 다양한 비판적 탐구가 어떤 방법으로 참된 신학 목적을 지향하도록 조정되고, 교회를 섬길 때 일관성 있게 성찰하는 과정에 기여할 수 있는가 하는 문제를 설명하는 일 역시 만만치 않다. 이 과제는 기독교 신학이 진실로 무엇이며, 기독교 신학의 구성 요소를 각 신학 분과목으로 따로따로 구분하고, 또 이 흩어진 분과목을 하나의 전체 신학으로 통합하는 것이 무엇인가를 묻는 일이기도 하다. 이 과제를 수행하는 일은 —신학 분과목 내부에서건 외부에서건 이 질문을 어떻게 대답해야 하는지에 의견의 일치가 거의 없다는 사실과 이 의견의 일치가 없다는 사실이 전형적인 신학 커리큘럼의 어떤 모순에서 (여러 다른 요인들 가운데) 드러난다는 사실 때문에— 한층 더 복잡해진다. 애초부터 억지로 강요해서 의견 일치를 보려는 노력을 포기함으로써 이 신학 분과목들은 각자의 비판적 독립성을 확보하게 됐고, 훨씬 더 근본적인 의미에서의 "진정으로 신학적인" 것이 되고자 하는 기대를 이룰 수 있었다. 그러나 이처럼 훨씬 더 근본적인 의미는 신학 연구와 신학 교육의 현구조와 절차 안에 분명하고 효과적으로 표현되거나, 과단성 있게 구현돼야 할 사안이다. 그렇다면 오늘날 기독교 신학에 관한 그 어떤 오리엔테이션도 하나의 '제안proposal' 형태를 띨 수밖에 없으며, 현대 신학 교육에서 전형적으로 맞닥뜨리는 기존 제도를 적어도 암묵적으로 비판하지 않을 수 없다.

본서의 제안에는 몇 가지 유익이 있는데, 특히 두 부류의 사람들에게 그렇다. 첫째로, 이 제안은 신학 수업을 하나의 총체적 과정으로 기획하기 위해 —즉, 신학을 구성하는 여러 분과목들 사이의 관계성을 성찰하고, 다시 이 분과목들을 한데 모아 자신의 마음속에 종합하기 위해— 신학 수업에 뛰어든 사람들에게 유익할 것이다. 이 제안은 이 목적을 가진 사람들이 그렇게 해야만 생기는 다양한 질문을 제기하도록 돕고, 서로 다른 분야의 학문들 사이의 연관성을 고려하고, 몇 가지 유용한 반성 양식과 탐구 습성을 발전시켜나가도록 도울 수 있다. 요컨대, 이 제안은 이 첫 번째 목적을 가진 사람들에게 자신에게 주어진 자료를 갖고 신학 교육을 받을 수 있도록 돕는다. 둘째로, 이 제안은 고급 수준의 신학 연구와 신학 교육에 종사하는 사람들에게도 앞에서 말한 똑같이 많은 이유로 유익을 줄 수 있다. 이 제안은 어떤 특수한 신학 과목의 성격이나 신학 과목들 사이의 관계성, 혹은 신학교의 목적이나 신학적 가르침 등과 관련해 유익한, 일련의 반성을 할 수 있도록 자극을 줄 수 있다. 이 제안은 이런저런 신학 분야를 수정하거나 개혁하는 데 필요한 몇 가지 가능성을 제시할 수도 있다. 물론 이 제안의 유용성은 이 제안이 앞에서 말한 두 부류의 사람들 어느 쪽에도 유용성을 확실히 보장한다는 사실에 달려 있지 않다. 다시 말해 아주 터무니없는 제안이라고 할지라도, 그 제안이 어느 정도 사유할 수 있는 지적 자양분을 마련해줄 수만 있다면, 유용한 것이 될 수 있다. 본서가 내놓은 제안은 —물론 100% 보증은 못 하지만— 결코 터무니없는 제안은 되지 않을 것이다.

본서는 모두 다섯 장으로 구성된다. 1장은 신학 연구의 최근 역사와 현재 상황을 간략하게 살펴본 뒤, 본서의 과제를 이 상황과 연결시키고자 한다. 2장은 기독교 신학의 정의를 내리고, 이 정의가 함축하는 몇 가지 의미를 풀어내고자 한다. 3장은 이 정의를 계속 발전시켜 신학 탐구의 핵심 구조를 설명할 것이다. 4장은 신학 탐구의 역동성을 고찰한 뒤에, 조직신학을 '통시력統視力/vision'과 '변별력辨別力/discernment'으로 규정한, 상호보완적 판단 행위를 수반하는 반성의 한 과정으로서 독특하게 이해하고자 한다. 마지막으로 5장에서는 "신학 탐구를 위한 능력capacity과 성향disposition을 개발하는 작업"으로 '신학 교육'을 서술하고자 하는데, 이런 서술 방식은 신학 교육의 사명이 무엇인가에 관한 몇 가지 영향력 있는 설명과 관계가 있다. 1~5장은 이 책에서 전개하는 제안의 핵심 주장에 초점을 집중한다. 본서의 논지를 펴나갈 때 신학 연구의 역사와 과거와 최근의 대안으로 나온 다른 제안들을 꼭 검토해야 하겠지만, 이런 역사적 해석이나 대안을 찾으려는 비판적 작업은 극소수에 그치게 될 것이다. 그런 종류의 신학 연구사나 대안을 충분히 다루려면 이 책의 사용 목적과는 거리가 먼, 전혀 다른 성질의 책을 집필해야만 할 것이다.

본 서가 취급한 동일한 문제를 다룬 여러 책의 저자들에게 내가 빚을 지고 있다는 사실이 분명해질 것이다. 내가 이런 특별한 채무를 의식하는 한, 본문과 각주에서 이 사실을 밝힐 것이다. 이 영어판 서문은 그 외에 숱한 도움을 받은 사실을 털어놓기에 적합한 지면이다. 나는 남감리교대학교의 퍼킨스신학대학이 1년의 연구 안식년을 허락해줘서 이 책의 대부분을 쓸 수 있게 된 것을 감사한다. 이 사실

이상으로 퍼킨스신학대학이 활발한 신학 탐구 공동체로서 끊임없는 자극과 지원을 아끼지 않은 것에도 감사를 표하고 싶다. 북미 신학 대학 협의회는 연구 계획 프로젝트를 통해 연구비를 제공해줬을 뿐 아니라, 나처럼 신학 교육과 관련된 연구를 수행해온 여러 신학자와 협의하는 기회를 마련해줬다. 나는 협의회의 사무총장 레온 파칼라^{Leon Pacala} 박사와 그 부서원들, 이 프로그램에 속한 동료 신학자들이 여러모로 협조해 주고 격려해 준 것을 감사한다.

나는 특별히 이 책의 초고를 읽고 비평해 준 제임스 듀크^{James O. Duke} 교수와 슈버트 아그덴^{Schubert M. Ogden}(1928~2019) 교수에게 고마움을 전하고 싶은데, 두 분의 비평은 몇 가지 점에서 본서의 내용을 한층 더 명료하고 공고히 하는 데 보탬이 됐다.

이 책 3장의 초판은 신학 학술지 「조우^{Encounter}」의 45권 3호(1984년 여름호)에 "기독교 신학 입문"이라는 제목으로 게재됐었다. 나는 또한 테오도르 러년^{Theodore Runyon}이 편집한 『오늘의 웨슬리 신학^{Wesleyan Theology Today, Nashville: The United Methodist Publishing House}』(1985)에 "웨슬리적 구성 신학?"이라는 제목으로 실린 나의 논문에서 몇 가지 자료를 발췌해 3장에 통합시켰다. 그런데 이 논문은 동일한 제목으로 「퍼킨스 저널^{Perkins Journal}」 37권 3호(1984년 봄호)에 처음으로 등재됐었다. 약간 손을 본 5장의 원고는 학술지 「신학 교육^{Theological Education}」 21권 2호(1985년 봄호)에 게재됐던 것이다.

Wood, Charles M.

차 례

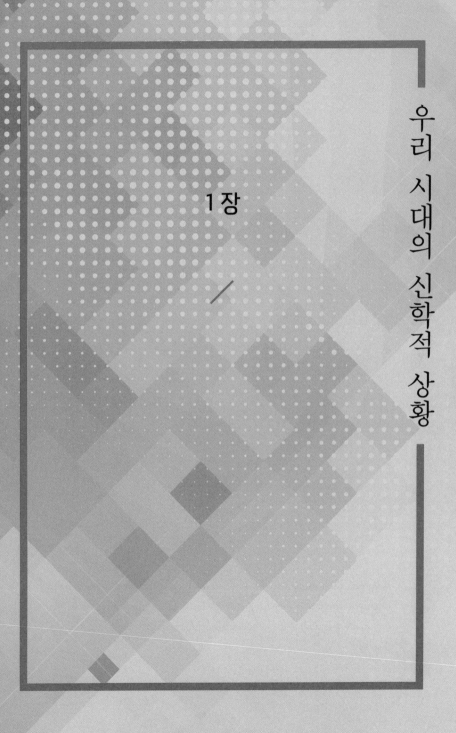

1장

우리 시대의 신학적 상황

Whatever the reasons may be —and undoubtedly they are a heterogenous mixture— the fact is that the modified fourfold scheme still serves as the dominant structural and methodological context for the academic study of theology.

프리드리히 슐라이어마허$^{Friedrich\ Schleiermacher}$(1768~1834)가 1811년 12월에 『신학 연구 개요$^{Brief\ Outline\ on\ the\ Study\ of\ Religion}$』의 원고를 완성했을 때, 그의 친구 요아힘 크리스티안 가스$^{Joachim\ Christian\ Gass}$(1766~1831)에 게 보낸 편지에서 과연 독자들이 이 책에서 어떤 내용을 발견하게 될지 궁금하다고 말했다. 슐라이어마허는 독자들이 이 책을 이단시 하지는 않을까 염려했다. 그는 독자들이 적어도 이 책이 망령으로 가득 차 있다고 말할 것이라고 짐작했다(실제로 그는 이렇게 말했다). 다시 말해 독자들이 "도무지 전에도 없었고 앞으로도 존재하지 않을 전무후무한 신학 과목들"이라고 공언公言할 것이라고 말했다.[1]『신학 연구 개요』에서 슐라이어마허가 전개한 구조는 자신의 신학 사유의 안내자로서뿐만 아니라, 그가 개설한 '신학 백과사전' 표준 강좌의 개요로서 자신에게 너무나 친숙해진 나머지 매우 적절하고도 자연 스러운 것처럼 보였다. 하지만 그는 이 책이 하나의 전체로서의 신학 연구에 대해 이전에 생각한 방법과는 전혀 다르게, 신학의 본질과

---

1 하인리히 숄츠(Heinrich Scholz)가 슐라이어마허를 소개한 서론에서 인용함. *Kurze Darstellung des theologischen Studiums zum Behuf einleitender Vorlesungen*, ed. Heinrich Scholz (Hildescheim: Georg Olms, 1961), xvii.

구조에 대한 매우 개별적이고 구성적인 비전에서 나온 것이라는 사실을 잘 알고 있었다. 슐라이어마허는 신학 연구에 닥친 하나의 위기를 직감했는데, 이 위기는 한편으로 신학의 전통 모델과 신학 교육 사이에서, 다른 한편으로 신학의 현대적 탐구 방법과 신학의 현대적 상황 사이에서 일어난, 점차 더 증폭되는 갈등에서 비롯된 위기였다. 바로 이런 신학 연구의 위기 상황 때문에 슐라이어마허는 어떻게 하면 일관성 있게 신학 연구를 기획하고 수행할 수 있는가 하는 문제에 자신의 혁신적 제안을 발전시키게 됐던 것이다.

이런 신학 연구의 위기는 17세기에 시작됐지만, 18세기에 걸쳐서 점차 더 심각해졌다. 개신교 개혁자들과 이들의 개혁 정신을 계승한 신학자들은 종교 개혁 운동의 요구를 충족시키는 일환一環으로 신학을 연구하도록 다양한 대책을 마련했는데, 주로 개신교회를 이끌고 지켜내는 유능한 목회자와 교사를 길러냄으로써 그렇게 했다. 당연히 개혁주의자들의 근본 과제는 성서를 연구하는 일이었다. 신학은 반드시 성서 주석에 근거해야만 했고—일부 신학자들에게 신학은 곧 '성서 주석'이기조차 했다— 성서 증언이 주로 기독교 신앙과 생활의 근원과 표준이 된다는 사실에 주목했다. 하지만 이 주석적 줄기에서 가지를 뻗어내린 부차적 과제도 있었다. 로마 가톨릭교회의 스콜라주의 전통(이 전통은 아리스토텔레스가 성서를 밀쳐내고 대신 들어앉아 "지식"이 "신앙" 위에 놓이게 된 것으로 생각됐다)에 매우 강력히 반대하는 흐름도 있었지만, 대체로 성서를 올바로 가르쳐서 조리 있게 기독교 교리를 표현하는 방법이 필요하다는 사실을 인정하는 분위기였다. 그리하여 신학 커리큘럼은 보통 이 작업을 수행하기 위한 분과를 포함했는데, 이 분과는 '교의학'이나 '교정학敎正學/acroamatic' (개념적으로 정확무오한 성격을 가진 학문이라는 뜻 _옮긴이 주), 혹은(이따금) '조직신학' 등으로 알려졌다. 어떤 이름이 주어지든 간에 이처럼 교리를 표현하는 방법을 확정하는 문제는 대개 주제의 성격과 학생들의 요구를 고려한 결과에 따른 교육학적 효율성에 따라서 좌우됐다. 대표적 신학 강좌는 로마 가톨릭교회의 주장에 맞서 개신교 운동을 변증할 목적으로 교회사와 교리사를 강조하는 특징을 보였다. "오직 성서만으로"의 원칙이 교회사와 교리사의 연구도 지배했는데, 두 가지 중요한 측면에서 그랬다. 첫째로, 이제 '전통'은 그 자체로서는 권위가 없었고 오직 성서와 일치할 때만 권위가 있는 것으로 여겨졌기 때문에, 교회사 연구는 전통을 비판적으로 검토하는 것으로 인식됐고, 전통이 성서의 특성에 충실히 들어맞는가를 검토했다. 마르틴 루터Martin Luther(1483~1546)의 논문 "교회의 바벨론 포수The Babylonian Captivity of the Church"와 같은 저술물의 정신이 이런 성격의 교회사 연구에 영향을 미쳤는데, 종교 개혁 이전에도 이런 사례가 있었겠지만 이제 이런 비판적 연구 방법은 뚜렷이 개신교적 특징으로 간주됐다. 둘째로, 루터의 논문 제목이 시사하듯이, 성서는 교회사 연구에 비판 원리 그 이상을 제공했다. 성서는 교회의 과거 역사와 현재 상태를 이해할 수 있는 풍부한 자원도 함께 제공했다. 이런 풍부한 자원은 인간 조건을 단편적으로 꿰뚫어 보는 것과 역사적 유비를 이해하기 쉽도록 해명하는 것을 비롯해서, 창조에서 종말에 이르기까지 세계사의 전개 과정을 총체적으로 조망하는 것까지를 포함하는데, 세계사의 전반적 진행 과정 안에서 성서가 기록된 이후에 발생한 특수한 사건들(예컨대, 교황의 득세나 이슬람의 유럽 침공과 같은 사건들)이 파악될 수 있었다. 개신교적으로 교회사를 연구하는 것은 흔히 전통을 비판적으로 검토하는 동시에 역사를 신학적으로 해석하는 것을 두루 통합했는데, 일반적으로 특히 종교 개혁 그 자체의 섭리적 역할에 주목했다.

(성서 연구, 교의학, 역사신학과 더불어) 네 번째 주요 신학 연구 분야는 목회직(聖職)이었다. 다른 세 분야와 마찬가지로 목회직 역시 개신교 배경 아래 새롭게 출발해야만 했다. 비록 몇 가지 특정 사고 양식과 개념 범수가 목회직 분야에도 역시 로마 가톨릭교회의 유산에서 그대로 넘어온 것이 사실이지만, 목회직의 개신교 개념(성서와 교회의 역사적 내력, 교의학 과제의 개신교적 개념은 물론이고)은 새로운 신학적 현안으로 부상했다. 두 가지 다른 종속 분과와 마찬가지로 목회직에서도 여전히 성서가 규범으로 여겨졌으며, 목회직 과제를 교회 지도력의 성서적 모범이나, 이 지도력 행사에 관한 성서적 지혜를 당대의 정황에 맞도록 번역하는 작업의 하나로 인식했다.[2]

---

2 Carl Friedrich Stäudlin, *Geschichte der theologischen Wissenschaften seit der Verbreitung der alten Litteratur*, I (Göttingen: Vandenhoek und Ruprecht, 1810), 138-143을 보라. 슐라이어마허와 동시대에 활동한 스토우들린이 저술한 이 책은 그 시각과 상술(詳述)에서 여전히 명쾌하다. 신학 연구의 역사와 문헌을 설명한 최근에 나온 두 권의 유용한 저서를 들자면, Wolfhart Pannenberg, *Theology and the Philosophy of Science*, tr. Francis McDonagh (Philadelphia: Westminster Press, 1976)의 특히 4장과 6장, Edward Farley, *Theologia: The Fragmentation and Unity of Theological Education* (Philadelphia: Fortress Press, 1983)이 있다.

우리 시대에 이르기까지 신학 커리큘럼을 구성할 때 지배적 영향을 끼쳐온 신학 연구의 사중양식—성서신학, 교의학/조직신학, 역사신학, 실천신학—은 이처럼 종교 개혁에서 비롯됐는데, 좀 더 구체적으로 말해서 개신교 목회자와 교사가 되는데 꼭 필요한 지식과 능력, 이해력을 갖추도록 준비시키는 훈련에서 비롯된 것이었다. 수년간에 걸쳐서 신학 연구와 교회 지도력이 다양하게 변천해 왔음에도 불구하고 이런 사중양식이 여전히 지속되고 있다는 사실은, 교회 지도자 모두가 이 사중양식을 계속해서 필요로 한다는 공동 인식에 어느 정도 원인이 있다(사중양식이 여전히 필요하다는 인식과 관련된 사회적, 정치적, 지성적 요인과 같은 여타의 다양한 요인 역시, 사중양식의 지속 원인이 됐다). 신학 사중양식의 필요성에 좀 더 형식적인 근거를 대거나 대지 못하는 것은 —예컨대, 신학이 그 이상도 그 이하도 아닌, 꼭 이 네 요소만을 필요로 한다는 사실을 논증하는 것은— 간혹 이런 식으로 설명하려는 시도가 있었지만, 사중양식이 인기를 얻은 주요 원인은 결코 아니었다. 그 대신 사중양식과 사중양식의 몇 가지 구성 요소에 대한 가장 큰 문제 제기는 정작 실제적인 문제에서 비롯됐다. 다시 말해, 이 신학 연구 방법이 목회자에게 진실로 필요한가? 이 신학 연구 방법이 한때 목회자에게 큰 도움이 됐다고 할지라도, 목회자를 준비시키기 위해서 지금도 꼭 이 연구 방법만 고집해야 한단 말인가? 벌써 18세기부터 일부 신학자들이 이런 문제를 제기한 적이 있었지만, 적어도 두 가지 중요한 이유로 최근에는 점점 더 빈번하고 긴박하게 제기되고 있는 실정이다.

첫째로, 사중양식의 네 가지 구성 요소가 전문 분과목으로서 각기 고유의 정체성을 발전시켜나가게 되자, 과연 사중양식의 분과목이 교회 지도자를 훈련하는 데 여전히 적절한 과목인가에 의구심이 생길 때가 있었다. 신학의 사중양식은 계속되고 있었지만, 네 구성 요소 하나하나의 특성은 획기적으로 변화됐으므로, 이 네 분과목과 이전의 신학 교육 목적과의 관계성이 항상 명확한 것은 아니었다. 예컨대, 성서를 역사 비판적으로 마구 파헤친다면 목회자가 성서 메시지를 여전히 크리스천의 생활 규범이 되는 "하나님의 말씀"으로 이해하고 선포하도록 훈련할 수 있을까? 교회사의 연구가 오늘날 더 이상 로마 가톨릭교회를 비판하는 격렬한 반론도 아니고, 그렇다고 해서 하나님의 섭리를 보여 주는 구속사도 아니며, 되려 과거의 다양한 인간 공동체의 생활과 사상을 비판적으로 연구하는 작업으로 인식되는 마당에, 우리가 처한 엄청나게 다양한 현대 상황에서 이따위의 교회사 연구가 과연 목회적 책무와 무슨 연관성이 있단 말인가? 혹은 오늘날 '조직신학'으로 통용되는 학문이 어떤 것이든지 간에 과연 그런 신학이 목회 사역에 무슨 보탬이 된단 말인가?

둘째로, 신학의 사중양식이 예전의 신학 교육 목적에는 부합됐다고 할지라도, 그사이에 교회 지도력 개념은 급격한 변화를 겪었다. 본래 16세기의 목회자와 회중의 요구에 부응하고자 고안된 신학 교육 구조를 오늘의 교회가 그대로 유지하는 것이 과연 타당한가 하는 문제는 논쟁의 여지가 있다. 교회 지도력의 개념, 관행, 상황이 변화되면서, 사중양식은 교회 지도력의 전통 내용과 관련된 것인 한, 점차 더 불충분하게 여겨졌고, 교회 지도력의 구조 자체에도 부적절한 것처럼 여겨졌다. 일부 옛 관심을 새 관심으로 대체하는 것(예컨대, 교회사에 관심을 덜 기울이는 대신 갈등 관리 훈련에 더 많은 관심을 쏟는 것)이 더 낫지 않느냐 하는 문제와 신학 교육의 전체 구조를 완전히 혁신시킬 필요가 있다는 사실은 타당성이 있는 것으로 생각됐다. 최근 수십 년에 걸쳐서 미국의 신학 교육을 쇄신하려고 한 몇몇 유력한 개혁안은 이런 노선을 답습해 왔다. 이 개혁안은 현실 경험을 바탕으로 개신교 목회 사역의 현재 역할과 기능을 기술하는 것으로 시작됐는데, 목회 사역을 위한 교육이 어떻게 해야지만 실제 목회 사역에 효율적인 준비로 인식될 수 있을까 하는 문제를 제기했다. 하지만 이런 개혁안이 전반적으로 충격을 끼쳤다고 해서 신학의 사중양식이 완전히 사라진 것은 아니었고, 되려 현장 교육이나 수련목 과정으로 보충된, 점점 더 전문화된 '실천적' 학문에 할당된 교과 과정의 시간량은 증가하게 됐으며, 실천 영역을 제외한 다른 세 분야는 교과 과정의 순전히 '이론적' 부분으로 여겨졌다.[3] 사태가 이렇게 되자, '이론적' 분야는 목회 사역을 위한 교육에 적합하다는 사실을 자진해서 입증하도록 점점 더 많은 압력을 받게 됐다. 이와 동시에 실천 학문을 점점 더 강조하고 전문화하는 과제 역시 압력을 받게 됐다. 다시 말해, 신학생들은 각기 고유한 문헌과 역사를 가진, 대부분 개별 목회 기능에 집중하는 일련의 과목들을 수강하게 됐다. 흔히 학생들

---

3 Robert Wood Lynn, "Notes Toward a History: Theological Encyclopedia and the Evolution of Protestant Seminary Curriculum, 1808-1968," *Theological Education* 17 (1981), 118-144를 보라.

은 이런 실천 목회 과목들의 심층 내용을 발견하고, 과목들 사이의 일관성을 찾아내는 시간과 기회를 얻지 못한다. 커리큘럼의 '이론' 부분과 '실천' 부분의 관계성뿐만 아니라, 실천 학문들 간의 상호 관계성과 이 학문들이 목회 실제에 어떤 연관성이 있는가 하는 문제에 관해서 —각기 나름의 이론적 방향성을 지닌 채— 내남없이 어리둥절한 실정이다.

신학의 사중양식이 처음 확립됐을 때, 네 구성 요소는 모두 교회 지도자를 길러내는데 직접적 적실성適實性을 갖도록 기획됐다. 성서 연구는 신학생이 신앙과 이해력, 기독교 인격 등을 갖추는 데 유익했을 뿐 아니라, 하나님의 말씀을 회중에게 열어주는 데 필요한, 신학적 주석 기술을 제공했다. 교의신학은 성서의 교리 내용으로 파악된 것을 발굴해내는 방법이었으므로 일관성과 합리성이 확실해야 했으며, 쉽게 기억할 수 있어야 했고, 가르치거나 논쟁하는 자리에서 적절히 전달돼야만 했다. 역사 연구는 전통이 전승된 경로와 하나님이 섭리하시는 방식에 신학생을 현재 상황으로 안내하는 역할을 하는 것으로 인식됐는데, 그 결과 신학생이 과거 자원을 재치있게 활용해서 자기의 것으로 만들어 쓰도록 했다. 목회자를 형성하는 과제가 어느 교과 과정 한 분야만의 책임이 아니라, 신학 연구 수행의 전반적 과정의 결과이며, 목회자가 형성되는 신앙 공동체의 특수 상황이 만들어낸 결과였지만, 목회직 연구는 신학생이 목회직의 성격과 의무를 이해하고, 목회직 기능을 어느 수준까지 행사하는 기술을 갖추게 하는 정도로 그쳤다.

그러나 18세기에 걸쳐서 (이전에 어느 정도 예상한 대로) 신학의 사중분야 전체와 신학 교육의 전반적 상황에 획기적 변화가 일어났다. 성서 연구와 교회 역사 연구는 모두 새로이 발전된 역사 비판 방법을 적용함으로써 일대 혁신을 겪었다. 하지만 변혁이 일어났다고 해서 사중신학의 분과목들이 하루아침에 세속화가 됐다는 말은 아니다. 그보다는 신학 과목들을 옛것과 새것을 거북하게 혼합하는 방식으로 변화시킨 몇 가지 사건이 발생했다는 말이다. 첫째로, 신학 과목의 주제를 신학적으로 고찰하는 방법과 이 주제를 학문적으로 연구하는 방법의 관계성에 집요하게 이의를 제기했다. 예컨대, 성서를 "하나님의 말씀"으로 보는 견해와 성서를 "인간 경험으로 얻은 산물"로 취급하는 자세를 조화시킬 수 있는가? 성서의 권위를 인정하는 동시에 성서의 기원과 내용의 타당성을 비판적으로 연구할 수 있는가? 아니면, 반복되는 질문이지만, 교회사를 철저히 비판적으로 연구하는 것이 도대체 어떤 것이며, 이렇게 비판적으로 연구하는 것이 그동안 연구해온 교회사의 전통적인 신학 해석이나 종래에 '이단'이나 '정통'과 같은 범주를 사용해온 것과 ―또한 다양한 교회 기관이 피차간의 관계를 공식적으로 이해해온 것과― 어떻게 양립할 수 있는가? 둘째로, 새로운 비판적 학문성의 결과가 강력한 인상을 남겼다는 사실이다. 이것은 무엇보다도 신학이 관심을 기울여온 영역들(예컨대, 다양한 성서 문서의 원저자, 작문 구조, 역사적 신빙성)에 대해서 전통적으로 내세워온 주장을 한꺼번에 무너뜨리는데 특히 강력한 인상을 끼쳤다. 역사 비판 연구도 나름의 결실을 거뒀는데, 이 연구의 결과로 종종 전통 신앙에 해를 끼칠 정도로 설득력을 얻게 됐다. 셋째로, 대학, 국가, 교회 사이의 복잡한 관계 때문에 현대 세속 학문이 불가피하게 제기한 도전에 직면해서 대대적인 혁신을 겪은 대학들(특히 독일 대학)의 신학은 좀 더 새로워진 비판적 학문성을 발 빠르게 수용할 수밖에 없었다. "신학적 학문"은 자신과 관계된 비신학적 동류 계통의 학문과 방법론적으로 제휴함으로써만 —또한 자신의 주제를 철저히 비판 연구의 대상이 되도록 개방시킴으로써만— 자신을 '학문'으로서 —즉, 참된 지식을 생산해내는 제대로 된 학술 과목으로서— 인증할 수 있게 됐다.4 이런 사태는 당연히 신학 과목들을 여전히 신학적으로 만든 것이 무엇이며, 이 과목들을 서로 구별되는 개별 과목들이 되게 했던 것이 무엇인가에 관한 질문을 야기했다. 가령, 왜 고대 근동사近東史나 헬라사라고 하지 않고, 꼭 '성서 연구'라고만 해야 하는가? 유럽사나 아프리카사, 혹은 종교사라고 하지 않고, 꼭 '교회사'라고 해야만 하는 이유는 무엇인가? 여기에서의 요점은 이런 "신학적" 과목들의 주제가 세속 역사 연구의 영역 어느 하나에 쉽사리 포함된다는 사실이 아니다. (학자들이 인정하기 시작한 것처럼) '성서'나 '신약 성서', '교회'를 별도의 특수 주제로 취급하는 것은 역사적으로 의혹을 사게 만들고, 특정 성서 본문과 역사적 사건의 상호관계를 왜곡하도록 부추기며, 이 관계가 발생하는 역사적 상황을 경시하게 만든다는 사실이다.

---

4 이 문제를 간결하게 취급한 저서를 보고자 한다면, Eberhard Jüngel, "Das Verhältnis der theologischen Disziplinen untereinander," *Unterwegs zur Sache: Theologische Bemerkungen* (Munich: Chr. Kaiser, 1972), 36-43을 참조하라.

신학 연구의 성서 분과나 역사 분과가 이처럼 세속 역사학 분야와 연계해서 자신의 정체성을 찾고자 안간힘을 썼다면, 교의학이나 조직신학은 자체적으로 변화의 진통을 겪어야만 했다. 간략히 말해서, 변화의 내력은 이렇다. 17세기 초엽에 현대적 세계관이 출현하기 시작한 다음부터 이 현대적 세계관이 점차 성서 중심의 전통적 세계관을 대체하게 되자, 그 어느 때보다도 신학 과제의 상당 부분을 잠식한 현대적 세계관을 전통 기독교와 어떻게 지성적으로 화해시키느냐 하는 문제가 조직신학이나 교의학의 책임으로 부상했다. 교의학의 과제는 기독교 신앙 내용의 논리적 구조와 가해성可解性을 논증하는 것이라고 인식됐다. 다시 말해 어떤 방법으로든지 간에 기독교 신앙을 반성해서, 신앙을 이성적으로 이해할 수 있게 만드는 것으로 인식됐다. 이처럼 교의학에 부여된 새 과제는 교의학적 방법이나 신학 전체에 엄청난 변화를 초래했겠지만, 단순히 교의학의 전통 역할을 연장하는 것으로도 이해될 수 있었다. 이 점에서 예전처럼 '철학'이 다시금 중요한 역할을 했다. 신학을 해나가는데 몇몇 특정 철학자의 업적—그 철학자가 제시한 개념, 범주, 논증—을 계속 차용해서 자기의 것으로 만들어 사용했다. 하지만 '철학' 그 자체는 인간의 지성 활동과 이 활동의 결과물을 총칭하는 용어이자, 세속 지식을 종합한 것이나 기독교 신앙이 반드시 관계해야만 하는, 일반적으로 널리 퍼진 사물 이해를 의미하는 용어로 사용됐다. 하지만 이런 식으로 신학을 한다는 것이 예전에는 철학의 요소를 어느 정도 일관성 있게 기독교 체계 안으로 끌어들이는 수준에 불과했지만, 이제 점점 더 다양한 철학적 세계관을 빌려와 기독교 신앙을 더욱더 철저히 해석하거나 변증하는 작업으로 전환됐다는 사실에 새로운 교의학의 특징이 있다. 현대적 학문과 현대적 발견이 촉발한 역사와 자연 인식의 엄청난 변화를 고려할 때, 현실을 있는 그대로 일차적으로 표현했다고 인식된 것은 전통적인 성서-고전의 종합이 아닌, 이 변화에 민감하게 대응한 철학이었다. 역사가 에마뉴엘 히르쉬Emmanuel Hirsch (1886~1972)가 지나치게 극적이긴 하지만, 기억에 남게 이 변화를 요약했는데, 크리스티안 볼프Christian Wolff(1679~1754)의 대중 철학이 엄청난 인기를 누리게 되자 철학은 더 이상 "신학의 시녀"가 아닌, "신학을 지배하는 군주"가 됐다고 단언한다.5 그렇다면 이제 적어도 한 가지 분명해진 것은 "입증의 책임burden of proof"(재판할 때 원고나 피고가 자신이 무죄하다는 사실을 먼저 입증하기 위해 져야 할 의무의 짐을 말한다_옮긴이 주)이 철학에서 신학으로 옮겨가고 있다는 사실이었다. 교의신학은 기독교 신앙을 철학적으로 해명하는 작업과 유사한 연구 작업이 됨으로써, 이런 입증의 책임을 떠맡는 동시에 대학에서 자신의 정당한 위치를 찾고자 했다. 성서신학과 역사신학(혹은 두 신학을 계승한 신학들)은 대체로 타당성 있는 역사적 지식을 얻는 데 집중함으로써, 대학에서 자신의 정당한 지위를 확보했다. 조직신학은 주로 기독교 교리의 의미와 진리 물음에 중점을 둠으로써 ―즉, 철학의 도움으로 기독교 교리의 의미와 진리 물음을 검토하고 해명함으로

---

5 Emanuel Hirsch, *Geschichte der neuern evangelischen Theologie*, II, 4th ed. (Gütersloh: Gerd Mohn, 1951), 89.

써— 자신의 정당한 위치를 고수했다.

그런 가운데 실천 목회 사역을 다루는 신학 연구 전통의 네 번째 영역은 훨씬 덜 급격한 변화를 겪었다. 이 넷째 영역은 학술 분과목으로 확립되는 데 그다지 성공적이지 못했으며, 대학에서 겨우 변두리 지위만을 확보했다. 여기서 "변두리 지위"라 함은 18세기 말 플랭크^{G. J. Planck}(1751~1833)가 쓴 『신학 입문^{Introduction to the Theological Sciences}』 (1794/95)에서 목회 신학이 중심부가 아닌, 부록에서 취급된 사실에서 상징화된 그런 지위였다. 플랭크는 목회 신학 분야가 기독교의 지식을 생산해내는 것보다, 그 적용에 관심을 두기 때문에 진정한 의미의 학술 신학에는 속하지 않는다고 보았다.6 목회 전문가를 길러내는 신학과 같은 부류의 모든 전문적인 직업 훈련과 대조되는 것으로서의, 대학에서 과학성^{Wissenschaftlichkeit}의 이상이 뽐내는 위용— 즉, 오로지 지식 그 자체만을 위해 초연한 상태에서 지식을 추구하는 것—을 점점 더 영예롭게 여기는 시대적 추세로 말미암아, 실천 학문이 변두리로 밀려나는 현상이 점차 심화해갔다. 이전에 대학이 신학의 일방적 지배에서 벗어난 것과 마찬가지로, 과학성의 이상이 증진된 이유는 한편으로 일체의 구속과 지배를 거부하는 "자유로운 탐구에 관한 관심" 때문이었으며, 다른 한편으로 대학을 계속해서 유한^有^閑 귀족층의 구미를 당기는 요람으로 만들고자 한 열성 때문이기도 했다.7 이제 실천 지식을 배양하고 전수하는 과제는 대학이 아닌, 다

---

6 Walter Birnbaum, *Theologische Wandlungen von Schleiermacher bis Karl Barth* (Tübingen: Katzmann, 1963), 6-7.
7 Charles E. McClelland, *State, Society, and University in Germany, 1700~1914*

른 기관과 환경으로 떠넘겨졌다.

실천신학 분야는 "비과학적인 것"으로 치부됐을 뿐 아니라 ─다른 신학 분과목이 과학적 학문으로서의 각기 자신의 정체성을 확보해나가게 되자─ 이전에 지닌 '실천성'마저 상실하는 경향을 보였다. 예컨대, 성서의 역사 비판 연구로 인해 학생들은 이런 비판이 적용되기 이전에 신학 주석을 시도했을 때와는 차원이 전혀 다른, 성서 본문과의 관계성을 갖게 됐다. 전혀 색다른 질문이 제기됐을 뿐 아니라, 탐구 전체는 새로운 목적에 따라 결정됐다. 역사 비판 연구가 개신교의 "성서 제일 원리"와 일치한다는 사실이 자주 강조됐다. 역사 비판 연구는 일체의 전통적 신학 가정과 해석을 말끔히 도려내고, 성서 본문 그 자체가 정말로 말하고자 하는 그대로를 드러낸다고 주장했다. 그러나 성서가 "정말로 말하는 것"이 무엇인가 하는 문제는 이 문제에 관해 제기된 질문과 어느 정도 관계가 있는데, 역사 학자가 제기하는 비판적 질문과 본문을 '성서'라는 이름으로 사용하는 교회 공동체가 제기하는 질문이 항상 서로 밀접한 유사성을 갖는 것은 아니었다. 역사 학자의 탐구와 신앙 공동체의 탐구 사이에는 모종의 관계가 있을 수도 있지만, 그렇다고 해서 역사 학자의 탐구가 신앙 공동체의 탐구를 완전히 대체할 수만은 없는 노릇이었다. '성서신학'이 단순히 성서를 역사 비판적으로 연구하는 것으로 변형될 때, 역사 비판 연구 방법을 어떻게 신학적으로 올바르게 사용할 수 있는가의 문제가 제기됐지만, 무시되기도 했다.

(Cambridge: Cambridge University Press, 1980), 39-41, 118-125을 보라.

어떻게 '전통'을 비판적으로 사용할 수 있을까 하는 문제는 제쳐
둔 채, 교회 역사에 대한 비판적 연구가 전통을 객관적으로 검토하고
―이 연구가 어느 교회이든지 간에 그 교회가 규범적으로 기독교적
인 것을 표현한다는 주장에 질문을 제기하는 한― 교회 역사를 비판
적으로 연구할 때도, 덜 심각할 수 있지만, 앞에서 말한 것과 유사한
문제가 발생할 수 있다. 조직신학, 예컨대 1521년에 필립 멜랑히톤
Philip Melanchthon(1497~1560)이 집필한『신학 요의*Loci*』처럼 근본적으로
수사학적이고 교육학적 형태의 조직신학이 18세기의 철학 중심 체
계로 전환됐다는 사실은 조직신학이 기독교 증언의 본질을 "직접 참
여해서 개입하는 식으로" 반성하는 것에서 벗어나 신앙 증언을 이해
가능한 것이 되게 하고자 훨씬 더 사변적이고 이지적인 연구 작업으
로 전환됐음을 의미했다. 이 연구 작업이 성공했다고 가정할 때, 이
작업이 기독교 선포나 양육, 훈련 등등의 현실 과제와 갖는 관련성이
나, 이와 같은 이론 작업이 학생들이 다양한 목회 과제를 효율적으로
수행하도록 준비시키는 것과 갖는 관계성은 명확지 않았다.

슐라이어마허가『신학 연구 개요』에서 말하고자 한 상황이 바로
이런 상황이었는데, 이 상황과 관련해서 고려할 때 그가 내놓은 신학
적 제안의 주요 특징을 더욱 쉽게 이해할 수 있다. 신학 연구의 전통
적인 사개 분과 가운데 셋은 추구하는 근본 목적이나 방법론에 관한
한, 완전히 성숙한 독자적 학술 과목으로 자리를 잡아나갔다. 이 세
분과는 다루는 주제의 지식을 철저히 비판적으로 밀고 나가는 데 강
조점을 뒀으며, 일반적으로 널리 인정된 학문 절차를 적극적으로 활

용했다. 세 분과의 내부에서도 다시 분과의 세부 구분과 전문화 작업이 일어났다. 이른바 각기 고유한 신학 과목을 전공한 신학자는 흔히 다른 신학 과목을 전공하는 동료 신학자보다 외려 대학 내에서 함께 활동하는 문헌 학자나 역사학자, 철학자와 같이 세속 학문을 전공하는 학자들과 더 많은 공감대를 형성하게 됐다. 신학 강론의 언어를 고전 라틴어에서 자국어로 바꾼 것은 신학이 하나의 통일된 전통지향의 교회중심 연구 작업에서 현대의 비판 학문을 집대성한 "과학적 학문"으로의 전환을 재촉했을 뿐 아니라, 이 전환을 상징화하는 사건이기도 했다.[8] 하지만 이런 전환이 성공적인 만큼이나 근본적인 문제도 야기됐다. 이 과목들을 계속해서 신학적인 과목들이 되게 하는 것은

> **종교 개혁 이후의 신학 사중양식**
>
> ① 성서신학(Biblical Theology)
> ② 교의학/조직신학
>   (Dogmatics/Systematic Theology)
> ③ 역사신학(Historical Theology)
> ④ 실천신학(Practical Theology)

무엇인가? 이 과목들이 그 방법이나 소재에 의존하는 일반적인 역사적, 철학적 작업들과 구별되는 신학적인 과목들로 존재하는 권리를 부여한 것은 무엇인가? 이 신학 과목들이 '신학'이라는 단일 학문을 이루는 구성 요소임을 확인시켜주고, 서로 연결해 준 것은 무엇인가? '신학'이 신학적으로 되기를 중단할 때만 —다시 말해, 신학의 세속적 동계(同系) 과목들과 구별할 수 없게 될 때만— 신학이 진정한

---

8 Stäudlin, *Geschichte*, I (Göttingen: Vandenhoek und Ruprecht, 1811), 304.

학문으로서의 자격을 갖춘다는 사실이 종종 명백해졌다.9 그러는 사이에 전통적인 신학 교과 과정의 넷째 분과는 학술적인 연구 영역에서 사실상 배제됐고, 주로 전통적인 목회 지식을 전승하는 기능을 지속함으로써만 자신의 신학적 정체성을 지켜나갈 수 있었다. 신학 연구의 성격과 상황에서의 이런 기본적 변화가, 이 변화가 함축하는 일체의 현실과 더불어, 슐라이어마허가 추구해야 할 과제를 부여했던 것이다.

슐라이어마허가 내놓은 신학적 제안의 주요 특징 가운데 하나는 그가 이 변혁과 변혁을 재촉한 위력에 대해서 ―특히 "역사 비판 의식"이 신학적 반성에 돌이킬 수 없을 만큼 강력한 충격을 끼친 것에 대해서― 근본적으로 긍정적 반응을 보인다는 사실이다. 이것은 그가 역사신학이라고 명명한 신설 과목을 "신학 연구의 중심"에 배치했다는 사실에서 여실히 드러난다. 역사신학은 과거와 현재 교회의 실태에 관한 지식을 제공한다. 예전의 사중신학 구조에서 역사적 분과가 간혹 '역사신학'으로 명명된 적은 있지만, 슐라이어마허가 말하는 '역사신학'은 이전의 역사신학보다 훨씬 더 방대한 범위를 갖고 있을 뿐 아니라, 세속적인 역사 연구 방법에 더욱더 철저히 의존하는 특징을 보인다. 슐라이어마허의 역사신학은 성서 연구와 그가 '주석 신학'으로 명명한 것을 포함한다. 그가 보기에는 이전에 성서신학과 역사신학을 구분한 것은 성서의 유일무이성에 대한 그릇된 관념 때문이었으며, 현대 성서학의 역사적 연구 동향과도 일치하지 않는다. 그

---

9 Jüngel, *loc. cit.*

러므로 슐라이어마허는 '성서신학'과 '역사신학'의 구분을 아예 폐기 해버렸다. 주석 신학은 신약 성서에서 발견된 기독교에 관한 "최초의 가장 순수한 표현"에 관심을 기울이는 역사신학의 한 갈래에 불과하다. 한편 '교회사'(교리사는 교회사에 종속된 별개의 과목으로 배치될 수도 있다)는 오늘에 이르기까지 계속되는 교회의 역사적 전개 과정에 관심을 두는 분과다.

역사신학은 주석 신학과 교회사 이외에 기독교의 현재 상황에 관한 연구도 포함한다. 슐라이어마허는 역사신학을 기독교 공동체 자체의 사회적이고 제도적인 상태를 다루는 부분과 기독교 공동체의 이념과 자기이해를 다루는 부분으로 구분했다. 슐라이어마허는 전자를 '통계학'으로, 후자를 '교의학'으로 각각 명명한다. 그런 뒤 교의학의 동향과 더불어 전통 신학의 사중구조에 속한 또 하나의 분과를 역사신학에다 포함했다. 이제 교의신학은 더 이상 기독교 본연의 진리나 성서가 품고 있는 교리 내용을 질서정연하게 진술하는 것으로 그치지 않고, "교회에서 통용되는 교리를 **조직적으로** 표현하는 작업"이 됐다.[10] 말하자면 교의신학은 기독교 교리 발전 과정의 최첨단 부분을 역사적으로 연구하는 작업인 셈이다. 하지만 교의신학은 이런 교리 발전의 단계를 ─즉, 교회가 현재의 자기 모습을 이해하는 것을─ "조직적으로 설명하는 작업"이기도 하다. 다시 말해 교의신학은 정통과 이단, 신조에 대한 전통적인 긍정과 고백, 교회가 현재의 역

---

10 Friedrich Schleiermacher, *Brief Outline on the Study of Theology*, tr. Terrence N. Tice (Richmond: John Knox Press, 1966), 71, n. 1. (초판에서 인용함.)

사적 상황에서 자신의 신앙을 새롭게 숙고하려는 최근의 노력을 설명하는 **구성적** 작업이다.

　역사신학은 이처럼 구식舊式의 성서학과 교의학 분과까지 포괄할 만큼 범위가 확대됨으로써 슐라이어마허의 제안에서 "신학 연구의 실질적 핵심부"를 이룬다.[11] 하지만 신학은 역사 연구에만 그칠 수 없다. 만일 신학이 '역사 연구'에만 머무른다면 신학으로서의 정체성을 상실하게 되며, 신학이 다루는 '교회'라는 주제와 함께 훨씬 더 광범위한 '역사학' 분야로 흡수되고 말 것이다. 하나의 신학 분과목으로서의 '역사신학'은 외톨이가 될 수는 없다. 역사신학이 특유의 역사적 방법으로 기독교 공동체의 과거와 현재 상태에 초점을 집중하는 것을 유일하게 정당화할 수 있는 길은, 이렇게 초점을 집중해서 지식을 얻는 것이 역사신학 그 자체를 위해서가 아니라, 다른 목적을 위해서라는 사실에 있다. 법학이나 의학과 마찬가지로 신학은 슐라이어마허가 주장한 것처럼 '실증 학문'(positive science, '법학'이 정의를 구현하고, '의학'이 질병을 고치고, '신학'이 영혼을 돌보는 목적을 지향하는 것처럼, 현장에서 실효성이 입증되는 학문이라는 뜻 _옮긴이 주)이다. '실증 학문'이라고 함은, 이 실증 학문의 구성 요소가 방법론적으로 제휴하는 (예컨대, 역사학이나 철학과의 공조) 학문들과 ―또한 확실한 실천 과제를 수행하는 일에 유익이 될 때만 연대하는 일반 학문들― 구별되는 전문직 중심의 학문을 말한다. 기독교 신학의 경우, 실증적 과제는 기독교 공동체를 유지하고 발전시켜나가는 것, 즉 광

---

11 Schleiermacher, *Brief Outline*, 26.

범위한 의미의 "교회 지도력의 수행"에 있다. 하지만 신학이 순수 학문pure science이 아니라, 실증 학문이라는 사실이 비판적 학문성의 기준을 완화시키는 구실이 될 수는 없다. 신학이 실증 학문이라는 사실의 특성은 교회가 적절한 지도력을 수행할 때 반드시 연구해야만 할 여러 가지 복잡하고 특수한 현상과 문제에 비판적 주의를 집중하도록 해준다는 점에 있을 뿐이다.

기독교 공동체의 기원에서 현재 상태에 이르기까지의 전 과정을 역사적으로 이해하는 것은 신학의 부차적 목적 가운데 하나, 즉 신학이 교회 지도력의 요구에 부응하기 위해서 반드시 성취해야만 할 여러 가지 사항 가운데 하나다. 그러나 슐라이어마허가 보기에는 모두 합쳐서 세 가지 고유한 신학 과목을 구성하는 필수 요건이 두 가지 더 있다. 첫째로, 기독교 본연의 독특한 본질—즉, 교회의 교리와 생활에 있어서 교회의 현실적이고 역사적인 내력을 항상 새롭게 표현하고자 하는 지속적 성향—을 파악해내는 문제가 불가피하다. 그런데 역사적 연구만으로는 이 본질을 다 드러낼 수 없으며, 다만 이 본질이 다양한 방법으로 표현된다는 사실을 보여 줄 뿐이다. 이와 동시에 이 본질은 교회의 역사 현실을 숙고하지 않고서는 제대로 밝혀질 수 없는데, 이것은 기독교가 어떤 내적 반성이나 사유를 통해서 발견해내는 무無시간적 사고가 아닌, 얼마든지 확인 가능한 기원을 가진 하나의 역사적 현상이기 때문에 그렇다. 그렇다면 이제 기독교가 어떤 종류의 역사 현상인가를 밝혀내는 절차가 필요하다. 그런 뒤에 기독교가 이 부류에 속한 다른 역사 현상과 어떤 차이가 있는가를 알아봐야 하며, 마지막으로 기독교가 그동안 전개해온 일체의 역사적 형식을 통해 실현하고자 애쓴, 기독교 특유의 개별적 **본질**을 따로 분리해내야 한다.[12] 슐라이어마허는 이 과제에 관심을 집중하는 과목을 **철학적 신학**으로 부른다. 이 과목을 굳이 철학적 신학으로 부른 이유는, 인문학적 지식이나 넓은 의미에서의 '철학'(철학 말고 인문학의 또 하나의 분과는 자연계를 연구하는 '물리학'이다)의 두 주요 분과 가운데 하나인 인간 현실의 연구(그의 용어로는 '윤리학')와 철학적 신학이 연관되기 때문이며, 철학적 신학의 과제가 전통적으로 철학이 수행해온, 주로 "개념을 정의하는 일"이기 때문이다.[13]

역사신학이 기독교의 실태를 기술하는 연구 작업인 반면에, 철학적 신학은 기독교의 참된 본질을 이해하려는 시도라고 한다면, 기독교의 **역사적 현실**과 기독교의 **본질**을 비교하는 것은 교회의 안녕에 관심을 기울이는 이들에게 필연적으로 "유쾌한 감정과 불쾌한 감정"을 유발시킨다.[14] 세 번째 신학 과목인 **실천신학**의 과제는 교회의 안녕에 관심을 쏟는 이들이 품는 유쾌한 감정과 불쾌한 감정을 적절한 실천 행위로 옮길 수 있게 해주는 데 있다. 실천신학은 교회 지도력의 수행 문제를 심사숙고하는 연구 작업인데, 교회 지도력의 다양한 측면의 규칙을 제정하는 데 그 목적을 둔다. 실천신학은 목회 지도력 목표의 이해('내용'을 '당위성'과 비교할 때 야기되는 이해)를 전제하며,

---

12 Schleiermacher, *Brief Outline*, 29-30 (§§32-35); 이 삼단계 순서는 슐라이어마허가 쓴 교의학 *The Christian Faith*의 서론에서 전개되고 있다.

13 Schleiermacher, *Brief Outline*, 25 (§24).

14 Schleiermacher, *Brief Outline*, 91 (§257).

이 목표를 어떻게 성취할 수 있는가에 관심을 둔다.[15] 그러므로 실천 신학은 신중한 행위—"신중한 행위"는, 판에 박힌 기계적 행위나 제 멋대로의 독단적 행위가 될 수 없으며, 주어진 상황에서 원칙의 기반 위에서 반드시 심사숙고를 거쳐야만 하는 책임적 행위를 일컫는다 —로 이끌기 위한 일종의 기술*Technik*이다.[16] 실천신학 그 자체는 순수 학문이라기보다 외려 기술적技術的 지식에 더 가깝지만, 신학이 '실증 학문'으로 통합되는 데 필수적이다. 확실히 실천신학 없이 신학은 존 재할 수가 없는데, 그 이유는 실천신학이 교회 지도력의 과제—즉, 신학을 하나의 실증 학문으로 서게 하는, "기독교 본질을 매 새로운 순간마다 더욱더 순수하게 표현해내는" 기독교인의 지속적 책임— 로 안내하기 때문이다.[17]

앞에서 살펴본 슐라이어마허의 신학적 제안은 간략하지만, 무언 가 진단력과 선견지명을 갖고 있다. 그의 제안은 새로운 신학적 상황

---

15 Friedrich Schleiermacher, *Die praktische Theologie nach den Grundsätzen der evangelischen Kirche im Zusammenhange dargestellt*, ed. Jacob Frerichs (Sämmtliche Werke, I, 13; Berlin: G. Reimer, 1850), 19; *Brief Outline*, (§260)을 보라.

16 Friedrich Schleiermacher, *Die praktische Theologie*, 25; *Brief Outline*, 25 (§25), 93 (§265). 이 상황에서 '과학 기술'(technology)이나 '기술'(technique)은 그 어 느 것도 *Technik*이라는 말의 의미를 완전히 파악해내지 못한다. '과학 기술'은 실천신 학을 실천 그 자체로부터 바르게 구분해 주고, 실천신학이 갖는 반성적 특성을 상기시 켜 준다. 다른 한편, '기술'은 본서에서 고찰하는 실천의 개념이 일종의 예술이라는 의 미를 훨씬 더 잘 전달해 준다. 이와 관련해서 슐라이어마허가 *Technik*이라는 말 대신 에 자주 사용하는 또 하나의 용어는 *Kunstlehre*, 즉 '예술론' 혹은 '공예론'이다. 그는 *Technik*과 *Kunstlehre*라는 두 용어를 모두 실천신학과 해석학에 적용한다. 예컨대, *Brief Outline*, 56-57 (§132-133)을 보라.

17 Schleiermacher, *Brief Outline*, 45 (§84).

에 대한 하나의 구성적constructive(사상이나 학설을 새로이 창조한다는 의미, 예컨대 "폴 틸리히의 상징론 연구"와 같이 기존의 어떤 학자의 사상이나 이론을 비판분석critico-analytical하는 작업과 구별된다 _옮긴이 주) 대응책이었다. 슐라이어마허는 신학 과목이 비판적인 자율 과목으로 계속 변천하는 현실을 개탄하는 대신에, 이 현상을 하나의 전도유망한 발전으로 여기면서 적극적으로 촉진시키려고 했다. 그러면서도 그는 신학 과목의 '신학적' 특성과 통일성을 이 과목의 방법이나 주제 그 자체에다가 두지 않았고, 이 신학 과목이 특수한 목적을 지향하고 있다는 사실에 주목했다. 슐라이어마허의 판단으로는, 신학 연구가 어떤 기술에 숙달하는 것에 그치거나 신학 연구에 그저 목회적 효율성이라는 편협한 기준만 적용할 때, 교회 지도력을 수행하도록 신학생들을 준비시키는 신학의 **실증적** 목적은 달성될 수 없다. 슐라이어마허는 이처럼 기술 습득에만 몰두한 신학 연구를 에드워드 활리Edward Farley(1929~2014)가 다음과 같이 비판한 것에 선뜻 동의했을 것이다. "[목회의] 외적 과제 그 자체가 신학 교육의 유일무이한 **목적**telos이 되면 될수록, 목회자는 이 과제를 실제로 수행할 수 있는 자격을 점점 더 상실하게 될 것이다."18 물론 슐라이어마허에게 교회 지도력은 당연히 '기술적' 지식을 포함한다. 그런데도 기술적 지식 하나만으로는 교회 지도력에 필요한 능력을 다 갖출 수 없다. 지도력을 행사하려면 일하는 **방법**뿐만 아니라, 무엇을 해야 할지 그 일의 내용도 알아야 한다. 무슨 일을 해야 할는지 일의 내용을 알려면 반드시 우리

---

18 Farley, *Theologia*, 128.

가 활동하고 있는 **상황**과 우리의 행동 방향을 결정짓는 **규범**을 이해해야만 한다. 슐라이어마허는 자신이 '역사신학'과 '철학적 신학'으로 부른 연구에 신학생들이 참여할 때 이런 이해를 얻을 수 있다고 보았다. 다시 말해 역사신학은 교회의 실제 상황에 대한 참된 지식을 얻기 위해, 철학적 신학은 교회의 규범이 될 이상적 본질에 관한 참된 지식을 얻기 위해, 각기 철저히 비판적으로 (슐라이어마허가 "과학적으로"라고도 말할 수 있는) 탐구하는 연구 작업이다. 그렇다면 교회 지도력을 행사하기 위해서 "과학적 지식"과 "실제적 교육"이 다 필요하며, "교회의 공익"에 이바지하기 위해서는 양자 모두를 적당히 결부시키지 않을 수 없다.[19]

슐라이어마허의 삼중신학 구조

① 역사신학(Historical Theology)
② 철학적 신학(Philosophical Theology)
③ 실천신학(Practical Theology)

슐라이어마허의 제안은 전체적으로 볼 때 광범위한 지지를 얻는 데 실패했다. 실로 수년에 걸쳐서 슐라이어마허의 제안에 직접 반응을 보인 경우는 거의 없었다. 그럼에도 이 제안의 일부 중요한 특징은 서서히 여러 다른 백과사전식 신학 기획에 반영되기 시작했는데, 훨씬 더 중요한 사실은 신학의 개별 과목이 자신을 이해하는 방법과 연구하는 절차에 반영됐다. 의심할 나위 없이 슐라이어마허의 제안은 이처럼 새로운 신학의 발전 과정에 영향을 미쳤으며, 이 발전을

---

19 Schleiermacher, *Brief Outline*, 20-21 (§5,8)

예고하는 것이기도 했다. 슐라이어마허의 이런 영향력과 예언자적 안목이 어떻게 하나로 혼합됐는가 하는 문제는 이 책의 관심사가 아니다. 슐라이어마허의 제안이 전체적으로 볼 때 이전에 볼 수 없던 기발한 아이디어를 한데 종합해놓은 것이라고 할지라도, 그가 내놓은 일부 특정 제안이 완전히 전례가 없었던 것은 아니었다.

후대의 백과사전식 기획의 한 특징으로서뿐만 아니라, 하나의 작업 원리로서 널리 채택된 슐라이어마허의 비전 가운데 하나는 다음과 같은 확신이었다. 각 신학 과목의 정체성을 밝혀주고 따로 떨어진 신학 과목들을 하나의 신학으로 통합해주는 것은 이 신학 과목들이 취급하는 방법이나 주제의 특수성이 아닌, 이 과목들 전체가 **교회 지도력**을 지향한다는 사실을 확신하는 데 있었다. 그 긍정적 측면으로 볼 때, 이처럼 이른바 '목적론적' 시각의 원조는 슐라이어마허가 아니었다. 목적론적 시각은 적어도 최초의 개신교 신학 연구의 설계에도 이미 잠재해 있었는데, 특히 슐라이어마허가 영향을 받고 자라난 독일 "경건주의 운동"이 목적론적 시각을 강력히 옹호했다. 다만 슐라이어마허 이전에 일반적인 현상이 아닌 것이 있었다면, "부정적 구성 요소"—즉, 신학의 목회적 실천 지향성이 신학을 동류 계통의 세속 학문들로부터 구별해주는 유일한 요소였기 때문에 본래부터 "성스러운" 과목이나 신학적인 과목은 아무것도 없다는 주장—였다.

이런 시각은 원칙적으로 신학 과목이 **비판적 연구**라는 학문 전통으로서 역동적으로 발전해 나가는 자유—즉, 다양한 현대적 상황으로 인해서 가능해졌고, 현대 신학에 엄청나게 중요해진 자유—를 보장해줬다. 하지만 일반적으로 말해서 목적론적 시각은 신학 연구의 범위에 가해진 "내적 통제"가 "외적 통제"로 대체됐다는 사실을 의미했다. 어떤 연구를 "신학적"이 되게 하는 유일한 기준이 이 연구에 부여된 용도에 있다고 가정할 때, 이 연구에 종사하는 사람은 반드시 "실제로 쓸모 있는 지식"을 생산해야만 한다는 상당한 중압감—스스로 불러온 것이든, 외압으로 인한 중압감이든 간에—에 쉽게 빠져든다. 개별 신학 과목이 하나의 '실증 학문'으로서의 신학 개념 때문에 각자의 신학적 정체성을 갖게 되는 슐라이어마허의 기획안에는 이 과목이 안팎으로 지니는 고도의 내적 구성과 일관성이 있었다. 슐라이어마허의 구상에서 신학 전체는 확실히 '교회 지도력'을 지향한다. 그러나 교회 지도력이 도대체 어떤 요소를 포함하는가의 문제는 ―적어도 원칙적으로 볼 때― "신학 연구 그 자체"에 의해서 결정돼야지, 외부의 비신학적 요인(예컨대, 회중의 기대나 교회의 사법 제도, 혹은 교회의 임원들)에 의해서 결정돼서는 안 된다. 이미 살펴본 것처럼, 역사신학과 철학적 신학의 상호작용을 통해서 ―역사신학이 관심하는 "존재하는 것(역사적 내용)"과 철학적 신학이 관심하는 "반드시 그렇게 존재해야만 하는 것(본질적 당위성)"을 비교해서― 교회 지도자가 현재 상황에서 해야 할 과제를 식별해낼 수 있다. 이 과제를 고려할 때, 실천신학은 교회 지도력을 수행하는 데 길잡이 역할을 하는 실천 원리를 제시해야만 한다. 여기에서 신학의 **규범적** 차원(철학적 신학)과 **기술적**記述的 차원(역사신학), 기술적技術的 차원(실천신학) 사이에는 분명한 연관성이 있으며, 다름 아닌 이 연관성이 신학 연구의 전반적인 과정 내내 신학의 일관성과 내적 지향성을 부여해준다.

슐라이어마허의 기획안에 나타난 다양한 특징들—예컨대, 슐라이어마허가 이해한 '철학적 신학'의 성격이나 기능, 혹은 그가 제시한 '역사신학'에 관한 설명의 근저에 놓인 유기적 기독교 전통관—을 폐기하거나 우선해서 공유하지 않으려고 할 때, 기획안의 내적 일관성과 방향성은 쉽게 상실되고 말 것이다. 만일 그렇게 된다면, 신학의 주요 과목들은 각자의 주제에 관해서 단순히 '과학적' 지식만을 —각 과목이 이 '과학적'이라는 형용사를 자기 나름대로 이해하는 방식으로— 겨냥한 나머지, 철저히 독자적인 연구 작업으로 끝나고 말 것이다. 그 결과로 말미암아 그 어떤 내적 원리도 아닌, **연구 작업 상황이 이 연구 작업을 결정하는 모순**이 일어나게 될 것이다. 만일 이런 모순된 현실이 장차 19세기의 독일을 위해 (혹은 20세기의 미국을 위해) 사역할 목회자 지망생을 교육하는 상황이라고 한다면, 각 신학 분과목을 구성하고 이 분과목과 관계된 자료를 선정하는 일, 여러 과제와 문제, 무엇이 중요한 일인지를 전반적으로 파악하는 일은, 단지 목회자가 알아둘 필요가 있는 "널리 유행하는 관념"에 따라서 주로 결정되고 말 것이다. 여기에서 "널리 유행한다"라는 말은, 커리큘럼을 기획하고, 교수 자리를 확보하고, 교수들을 임명하고, 학문적인 자격증과 목회자 자격증의 기준을 결정하는 등등의 일을 하고, 그리하여 신학 연구의 기틀을 잡는 권한을 가진 사람들의 머릿속에 널리 유행한다는 뜻이다. 그렇다면 실천신학의 과제는 —예컨대, 교회 지도력 과제를 신학적으로 평가해서 정해지는 것이 아니라— 앞에서 말한 권력을 쥔 실력자들이 고취하려는 목회 사역의 현실적 이해에 따라서 결정될 것이다(물론 이런 문제는 어느 정도 신학적인 것에서도 나올 수 있다. 하지만 정치적 이해관계나 사회적 압력, 이와 비슷한 여러 요인이 이런 이해에 결정적 영향을 미칠 수 있다). 실천신학 이외의 다른 과목에 부과된 과제 역시 "목회에 유익한 지식을 산출해내는 방향"으로 실천신학에 상응하는 변화를 겪고 있다. 지금까지 말한 내용이 슐라이어마허가 신학이 교회 지도력을 위해서 해야 할 방법을 아주 복잡하게 이해한 그런 전통을 계승한, 신학 연구의 철저히 단순화된 '목적론적' 견해의 결과였다.

그 밖에도 슐라이어마허의 제안에 대한 반응은 엇갈렸다. 대체로 슐라이어마허의 후진들은 전통적인 신학 사중구조를 그대로 유지했다.[20] 후진들 가운데 슐라이어마허를 따라서 '성서신학'이나 '교의학' 가운데 어느 한 과목을 '역사신학'에 포함하려는 신학자는 드물었으며, 슐라이어마허의 의도대로 '철학적 신학'을 별도의 과목으로 설정하는 것 역시 무시되거나 거부됐다. 그러다 보니 적어도 외견상 신학의 전통 사중구조는 고스란히 남게 됐다.

그럼에도 그 이면을 들여다보면 슐라이어마허의 기획안에 어떤 반응을 하거나 기여한 것의 결과로 나온 변혁은 계속되고 있었다.

---

20 활리의 책 *Theologia*의 5장이 슐라이어마허 이후의 발전 과정을 간략하게 개관(槪觀)하고 있다. 보다 더 철저한 설명은 J. F. Räbiger, *Encyclopaedia of Theology*, I, tr. John MacPherson (Edinburgh: T. & T. Clark, 1884), §§6, 20에서 찾을 수 있다. 슐라이어마허의 *Brief Outline*에 대한 반응 그 자체는 Alfred Eckert, *Einführung in die Prinzipien und Methoden der evangelischen Theologie* (Leipzig: G. Strübig, 1909), 2장에서 조심스레 취급된다.

'성서신학'은 형식적으로 역사신학이나 교회사와는 구별되는 과목으로 계속 남았지만, 그 방법이나 목적에서는 **역사적 연구 그 자체로** 해소되고 말았다. 어떻게 해서든지 성서를 계속해서 유일한 규범으로 여긴다는 사실 한 가지가 간신히 성서신학의 과목적 특수성을 지탱해줬다. 그렇지만 성서의 규범적 의미를 발견하는 과제는 역사적 과제로 대체됐다. 슐라이어마허보다 한 세대 전에 제믈러[J. S. Semler] (1725~1791)가 다음과 같이 성서에 대해서 결정적으로 공식화하는 주장을 했다. "우리가 성서를 역사적으로 이해한다면, 이제 성서가 더 이상 하나님의 말씀 그 자체라고 말해서는 안 되며, 다만 성서가 하나님의 말씀을 **포함한다**고 말해야만 한다."[21] 성서를 문자적으로 —즉, 하나의 기정사실화된 본문으로— 다루려는 단도직입적이고 비역사적인 주석 방법으로는 결코 성서를 올바르게 해석할 수 없게 된 것이다. 그 대신 성서를 역사적으로 —즉, 거기에서 "하나님의 말씀"(분명히 규범적으로 중요한 성서 내용을 의미하는 하나의 **은유** 표현)을 재발견하거나 재구성할 수 있는 문서 원전들의 집합체로서— 재접근해야만 한다. 물론 성서가 "하나님의 말씀" 그 자체라는 생각에서

---

21 제믈러가 이 원리를 전개하는 것에 관해서는 Gottfried Horning, *Die Anfänge der historisch-kritischen Theologie* (Göttingen: Vandenhoek und Ruprecht, 1961), 4장을 보라. 이 원리는 보다 더 일반적인 원리를 상세히 설명한 작업(어쩌면 불필요하리만치 제한적으로 상세히 설명한)인데, 성서의 본질과 기능에 대한 굉장히 다양한 이해와 양립할 수 있다. 제믈러는 이처럼 더 일반적인 원리를 다음과 같은 루터의 주장에서 찾는다. 즉, 무엇이 "정경적인가" 하는 문제에 관한 교회의 결단은 언제나 인간의 잠정적인 결단인 동시에, 후대의 경험의 빛에서 교정 가능한 것으로서 간주해야만 한다. 그러므로 주석은 성서의 특성이나 내용에 관한 여하한 교의학적 결단의 타당성도 전제할 수 없다. 외려 교의학적 결단은 반드시 주석에 근거해야만 한다. 이런 원리야말로 성서신학과 역사신학 사이의 그 어떤 선험적 구분에 훨씬 더 근본적인 이의를 제기한다.

벗어나 성서가 하나님의 말씀을 포함하고 있다는 쪽으로 생각을 전환하고, 성서의 유일무이성을 보장해준 계시와 영감이라는 정통 이론을 폐기할 때, '성서'와 '전통' 사이의 경계 구분이 모호해질 것이고, 이와 더불어 ―슐라이어마허가 예견했듯이― '주석 신학'과 "교회의 후속 역사에 관한 연구" 사이의 상대적 차이점 역시 정당화되기 어려울 것이다. 슐라이어마허의 후학들이 이 사실을 인정한 정도만큼, 이들이 계속해서 '성서신학' 과목과 '역사신학' 과목을 따로 분리한 것은 어떤 원칙의 문제 때문이 아니라, 편의상 그렇게 되고 말았다.

그러는 사이에 '교의신학'은 기독교 신앙의 교리 내용을 해석하는 전통 과제 못지않게, 기독교 신앙을 현실 세계로 인식한 것과 연관시킴으로써 기독교 신앙의 신뢰성(가해성)을 해명하는 과제에도 지속적인 관심을 기울였다. 다시 말해 교의신학은 슐라이어마허가 철학적 신학과 교의학에 속한 철학적 과목에 각기 따로 부여한 과제들을 계속해서 결합하는 작업을 했다. 슐라이어마허가 철학적 신학과 교의학의 역사적 과목을 굳이 분리한 이유는 역사가 기독교 본질의 '철학적' 설명에 어떤 역사적 지식을 전달해야만 한다는 사실을 부인하기 위해서도 아니었고, 교의학의 구성적 과제에 어느 정도의 철학적 반성이 필요하다는 사실을 부정하기 위해서도 아니었다. 그런데도 슐라이어마허의 기획안은 오해를 초래했다. 슐라이어마허에게 기독교의 본질을 밝혀내는 연구는 '철학적 신학'인 까닭에, 그는 신학을 철학에 "완전히 의존하도록" 만들어버렸다(어떤 비평가가 말했듯이)[22]는 의혹을 받게 됐다. 게다가 그가 '주석 신학'과 '교의신학'

을 역사신학에다가 배치한 것은 신앙을 위한 그 어떤 안정적 기준도 지레 포기한 것이라고 널리 믿어지게 됐다. 슐라이어마허에 대한 세간의 이런 의혹에는 진실과 거짓이 함께 뒤섞여 있다. 어쨌든 예전부터 내려오던 신학의 사중양식이 특히 신학적 사유의 단계와 방향을 지시해주는 방식으로 구성될 때, 앞에서 언급한 "슐라이어마허적 우愚"에 빠질 경향을 막을 수 있다고 일반적으로 생각됐다. 다시 말해 "성서 연구"는 기독교의 **규범적 기원**의 문제를 다룸으로써 연대기적이고 상징적인 우선권을 갖는다. '역사신학'은 성서에 비해 약간 덜 규범적이기는 하나, 여전히 중요한, 성서 이후의 기독교 후속 발전 과정을 다룬다. '조직신학'(이 시기에 매우 엄격한 의미로서의 '교의학'과 '윤리학'을 포함한 용어지만, 흔히 '교의학' 한 과목만을 대체해서 쓴 용어)은 현재의 순간을 위한 신앙을 합리적으로 설명하려는 시도다. '실천신학'은 자신의 실천 원리를 조직신학에서 끌어내 교회의 구체적 행동 지침을 제시한다.

조직신학에 대한 이런 이해를 고려할 때, 조직신학은 **역사적 반성과 철학적 반성**을 다 포함한다. 다시 말해 조직신학은 기독교 역사(성서에 나타난 규범적 기원을 포함해서)에서 기독교 신앙의 내용에 관한 자료를 끌어내고, 철학적 신학의 개념 정의의 도움을 받아 그 자료를 해석하고 정리해서 하나의 잘 짜인 기독교 교리 체계로 만들어 기독교 신앙을 잘 이해할 수 있도록 설명해준다.[23] 조직신학은 역사

---

22 Räbiger, *Encyclopaedia*, 91.
23 이와 관련해서 더 강력하고 더 약한 의미의 '조직'이 있었고, 또 현재도 있다. '조직신학'이라는 이름이 생겨난 이래 매우 다양한 연구 작업에 적용됐는데, 특히 16세기에 그랬

적으로 '주어진' 신앙과 현대 세계 사이를 중재하는 역할을 한다. 세 칭 19세기의 "중재(매개)하는 신학자들"은 조직신학의 과제에 대한 이런 이해를 명백히 수용했으며, 현대의 주요 조직신학자들 역시 이 런 이해를 유력한 것으로 계속해서 받아들이고 있다.24

조직신학에 이어지는 다음 단계로서의 실천신학은 조직신학의 결과를 물려받고, 그 결과에서 자신의 실천적 지식 원리를 발견해낸 다. (혹은 그 결과를 바탕으로 실천신학의 지식 원리를 생산한다.) 앞으로 기억해둘 것은 슐라이어마허의 제안에서 실천신학은 학문이 아니

다. 오토 리츨(Otto Ritschl)의 *System und systematische Methode in der Geschichte des wissenschaftlichen Sprachgebrauchs und der philosophischen Methodologie* (Bonn: A. Marcus und E. Weber, 1903)이 '조직신학'이 그 자신의 시대로 주 전 환한 것에 대한 매우 유용한 역사를 제공한다. 최초의 개신교가 조직신학을 사용할 때, 교리의 '조직'이나 신학은 목회직을 위한 준비 훈련을 받는 사람들에게 유용하도록 구 성된 바, 기독교 가르침을 일관되고 합리적으로 상세히 제시하는 것에 불과했다. '조직' 이라는 말은 주로 이런 제시 방법을 지칭했다. 나중에 가서 '조직'이라는 말은 제시된 자료의 질(質)을 지칭하게 됐다. 즉, 기독교 진리는 그 자체가 유기적 통일성을 갖는, '조직적인 것'으로 생각됐으며, 조직신학의 과제는 교리 전체의 내재적 특성을 제시하 는 데 있었다. 크리스티안 볼프와 그 밖의 다른 신학자들의 영향 아래에서, 어떤 것을 조직적으로 해명하는 것은 모든 조직이 단 하나의 '원리'를 갖는다는 주요 관념 아래에 서 모든 것을 이런 조직적 해명에 포함하는 것을 의미하게 됐다. 볼프주의의 쇠락과 더불어 ─볼프의 영향이 완전히 사라진 것은 아니었지만─ 초기의 덜 엄격한 의미의 '조직'이라는 말이 다시 살아났다. 이와 관련된 모든 다양한 의미는 계속해서 순환(循 環)하게 됐으며, 그 결과 '조직신학'의 주창자나 반대자가 주창하거나 반대하는 것이 도대체 무엇을 의미하는가를 이해하기 위해서는 어느 정도 꼼꼼한 주의를 기울여만 했다.

24 널리 영향력 있게 인용되는 공식은 슈버트 아그덴(Schubert Ogden)의 "What is Theology?," *The Journal of Religion* 52 (1972), 22-40에 나타나는데, 여기에서 아그덴은 신학적 진술이 두 기준 즉, '정합성'(appropriateness, 기독교 전통의 규범적인 것에 대한 신실성)과 '가해성'(Understandability, 보편적으로 타당하고 적합한 의미와 진리의 조건을 만족시키는 것)에 의해 평가돼야만 한다고 주장한다.

고, 본질적으로 하나의 기술이라는 사실이다. 타과목들과 구분되는 실천신학의 과제는 지식[Kenntnisse]이 아닌, '기예技藝 법칙[Kunstregeln]'을 생산해내는 데 있었다.[25] 슐라이어마허의 견해에 따르면, 하나의 학술 과목으로서의 실천신학의 지위는 실천신학 그 자체에 어떤 '학문적' 특성이 있기 때문이 아니라, 실천신학이 기독교 신학의 '실증적 학문성'을 구성하는 데 필수적이라는 이유 때문이다.

　슐라이어마허가 지식 구성을 위해 내놓은 전반적 기획안은 —그의 '실증 학문'의 개념을 포함해서— 널리 채택되지 않았다. 학술 교과 과정에 실천신학을 위한 여지를 끝까지 마련하고자 한 사람들은 대개 실천신학이 하나의 기술[Technik] 이상의 학과목이라는 사실-즉, 실천신학이 참된 지식(교회의 현실에 관한 지식이든, 아니면 교회가 해야 할 임무나 행위에 관한 지식이든 간에)을 생산해내는 하나의 엄연한 학문이라는 사실-을 주장할 필요가 있다고 생각했다.[26] 실천신학이 그 어떤 종류의 행동 규칙이나 실천 원리를 만들어내든지 간에 —이 규칙과 원리는 단순히 실천신학이 조직신학에서 물려받은 유산이 아니라— 실천신학에 앞서 나온 결과인 지식의 원리에서 비롯된 것이다. 그런 지식이나 그 지식을 생산하는 것이 어떤 방식으로 실천신학을 조직신학으로부터 구별되게 했는가를 묻는다면, (실천신학자 크리스티안 팔머[Christian Palmer]가 끝내 그렇게 했듯이)[27] 이 질문의 대답은

---

25 Schleiermacher, *Die praktische Theologie*, 17.
26 Dietrich Rössler, "Prolegomena zur praktischen Theologie: Das Vermächtnis Christian Palmers," *Zeitschrift für Theologie und Kirche* 64 (1967), 359-362.
27 Christian Palmer, "Zur praktischen Theologie," *Jahrbücher für Deutsche*

잡다하고 대체로 불만족스러울 것이다. 그 이유는 실천신학을 구성하는 대부분의 '이론' 요소가 ─조직신학의 교회론이나 목회론, 성례전론 등과 더불어─ 실천신학에 상응하는 조직신학의 구성 요소들과 사실상 구별이 잘 안 되기 때문이었다.

팔머는 마땅히 받아야만 할 주목을 받지 못한 하나의 해답을 제시했다. 그의 해답이 주목을 받지 못한 이유는 그 해답이 전통에서 벗어난, 또 하나의 백과사전식 기획에 삽입됐기 때문일 것이다. 팔머에 따르면, 어느 정도 실제로 경험해서 실천신학의 지식을 얻을 수도 있고, 아니면 실제적인 관행의 조건과 상황에 주의를 기울이고 연구해서 실천신학의 지식을 얻을 수도 있다. 실천신학은 단지 이론 과목에서 파생된 지식을 적용하는 데 그치지 않고, 구체적인 실천 경험을 통해 지식을 성취하는 것도 포함한다.28 비록 팔머의 주장이 등한시된 것은 사실이지만, 다양한 실천 전문가들이 문제가 된 사안에 대한 자신의 이해력을 높이고자 사회과학적인 자원들을 십분 활용하게 되자, 팔머의 제안과 유사한 형태의 제안이 최근 수십 년 동안 실천신학의 수행과 실천신학의 자기기술自己記述 모두에 큰 영향을 미쳤다. 이처럼 경험에 근거한 지식과 ─이 지식에 수반된 다양한 이론과 더불어─ 조직신학이 인간의 조건과 교회와 교회 사역 등등에 대해 진술한 설명과의 관계성은 계속해서 토론해야 할 논쟁거리가 됐다. 신학적 반성과 실제 관행 (혹은 응용) 사이의 관계성은 최근

<hr />

Theologie, 1 (1856), 321.

28 Palmer, "Zur praktischen Theologie," 337-345: cf. Rössler, "Prolegomena," 369-70.

까지도 여러 가지 방향에서 새롭고 철저히 계속 검토되고 있다. 실천신학은 지금도 활발한 토론의 초점이 되고 있다. 실천신학 내부에서의 '이론'과 '실천'의 관계성, 이론과 실천이라는 용어 자체의 적합성, 교회의 관행과 관련해서 실천신학이 다른 과목들과 갖는 관계성은 모두 열띤 논쟁의 주제가 되고 있다.[29] 지금까지 제기한 질문에 관한 논의는 실천신학의 영역에만 국한되지 않는다. 실천신학 이외의 타 신학 과목들의 목적과 절차 또한 활발히 논의되고 있는 실정인데, 사중신학 구조는 ―'지식'과 '실천'의 관계성을 구성하는 나름의 방법과 더불어― 최초로 실질적인 도전에 직면해 있다.

분명히 다른 도전도 있었다. 칼 바르트[Karl Barth](1886~1968)가 신학을 '성서신학', '교의신학', '실천신학'으로 나눈 삼중 신학 구조는 모든 자유주의 전통의 중재하는 신학에 근본적으로 도전하기 위해 출현한 것이었다. 바르트는 역사 비판적 주석과 똑같지 않은 순수한 형태의 '성서신학'을 요구했으며, 철학 체계에 굴복하지 않는 '교의학'과 진정으로 순전한 성서신학이나 교의신학에서 비롯된 '실천신학'을 요구했다. 이렇게 함으로써 바르트는 유산으로 물려받은 과거의 신학적 구성의 가장 취약한 문제점 가운데 일부를 규명해냈다.[30] 바르트의 제안이 소수 신학자들의 공감을 얻어냈고, 주요 신학 과목을 전공한 일부 신학자들의 자기이해와 방법론에 영향을 미쳤다고

---

29 현재 논의되는 표본을 보고자 한다면, 전집 *Practical Theology: The Emerging Field in Theology, Church, and World*, ed. Don S. Browning (San Francisco: Harper & Row, 1983)을 참조하라.

30 예컨대, Karl Barth의 *Church Dogmatics*, I/1, tr. G. W. Bromiley (Edinburgh: T. & T. Clark, 1975), 4-5.

는 하지만, 신학 연구의 근본 구조와 구성에는 그다지 큰 영향을 끼치지 못했다. 초기와 나중에 나온 다른 신학 제안들은 훨씬 더 경미한 영향력을 미쳤다. 슐라이어마허 이후의 사중신학 유형을 수정한 형태는 꽤 안전한 상태로 유지되고 있었던 것이다.

지금까지 살펴본 것처럼, 사중신학의 새로운 수정은 사실상 '역사신학'과 '조직신학', '실천신학'의 삼중유형의 구성이었다. 성서 연구는 —대개 편의상 따로 분리되지만— 역사신학에 속한다. 세 신학 유형은 각기 방법론적으로 독특한데, 역사신학은 비판적 역사 연구를, 조직신학은 주로 철학적 연구를 각각 지향하고, 실천신학은 이른바 인문 사회과학(사회학, 심리학 등 등)에서 방향을 잡아 출발한다.

바르트의 삼중신학 구조

① 성서신학(Biblical Theology)
② 교의신학(Dogmatic Theology)
③ 실천신학(Practical Theology)

세 분과의 신학이 세 분과의 세속 과목과 제휴한다는 —즉, 역사신학은 역사학과 조직신학은 철학과 실천신학은 인문학과— 사실은 왜 삼중신학 유형이 끈질기게 지속하는지의 이유를 어느 정도 설명해 주는데, 이와 같은 학문적 공조가 세 신학 분과에 고유한 학문적 정체성을 부여해줬고, 이 정체성은 탐구의 전통에 뿌리박고 있기 때문이다. 신학이 반성하는 주제의 성격—즉, 기독교 전통, 기독교 증언, 교회—과 관련된 심층적 이유도 있을 수 있다. 이 주제에는 실제로 세 수준이나 세 차원의 철저한 검토가 필요한데, 먼저 주제의 기원과 관련해서, 그다음에 주제의 내용과 관련해서, 마지막으로 주

제의 **목표**와 관련해서 검토해야 한다. 다음 장에서 이 가능성을 다시 다룰 것이다. 이유야 어떻든 간에 —의심할 나위 없이 이런 이유는 여러 가지 이질적 요소로 뒤섞여 있다— 수정된 사중신학 구조가 학문적으로 신학을 연구하는 데 유력한 구조와 방법론적 상황으로서 지속적으로 기여하고 있는 것이 사실이다.

1장의 목적은 이런 신학적 상황을 있는 그대로 펼쳐 보이는 데 있다. 다시 말해 이 상황의 전개 과정을 추적해서, 이

사중신학의 수정으로서의 삼중신학 구조
① 역사신학(Historical Theology)
② 조직신학(Systematic Theology)
③ 실천신학(Practical Theology)

상황의 장점과 문제점을 보여 주는 데 있다. 다음 장들에서 다룰 기독교 신학의 성격, 구조, 역학 관계, 목적에 관한 설명은 주로 이 상황을 비판적으로 성찰하는 것으로 이뤄진다. 이 설명은 이 상황의 장점을 활용하고, 문제점을 처리함으로써 "신학 연구를 위한 새로운 상황"을 도출해내는 데 어떤 식으로든 이바지하려는 시도가 될 것이다.

신학이란 무엇인가?

2장

Christian theology may be defined as a critical inquiry into the validity of Christian witness.

The aim of philosophy, abstractly formulated, is to understand how things in the broadest possible sense of the term hang together in the broadest possible sense of the term. (Wilfrid Sellars)

기독교 신학은 기독교 증언의 타당성을 비판적으로 탐구하는 것으로 정의될 수 있다.

본서에서 '기독교 증언'은 포괄적 의미로 쓰이는데, 대략 이와 비슷하게 넓은 의미로서의 '기독교 전통'에 가깝다. 다시 말해 기독교 증언은 신앙 증언을 하는 행위(혹은 전통을 전승하는 행위)와 신앙 증언과 전통 전승의 내용을 모두 아우르는 개념이다(능동적으로 증언하는 행위와 수동적으로 증언된 내용이 모두 '증언'이라는 뜻이다 _옮긴이 주). 3장에서 기독교 증언의 개념을 계속해서 고찰할 것이다. '타당성'의 의미—증언과 마찬가지로 포괄적이고 복잡한 개념이며, 확실히 중요한 개념인데—에 대해서도 그때 다룰 예정이다. 우리의 당면 과제는 신학을 하나의 '비판적 탐구'로 이해할 때 관련된 문제를 고찰하는 일이다. 하나의 탐구는 어떤 질문의 대답을 구하는 하나의 행위다. 단 하나의 질문에 관한 단 하나의 대답을 얻을 때 부여된 과제가 완료되는, 단순한 탐구가 있다. 예컨대, "몇 시입니까?" "세시입니다"와 같은 탐구다. 이와 달리, 가장 중요한 질문이나 질문들의 대답과 대답들이 다른 많은 질문들의 대답들을 찾아내야지만 얻을 수 있고, 또한 탐구의 구조와 절차를 주의 깊게 숙고해야만 되는, 복잡한 탐구들이 있다. 어떤 탐구는 질문은 단순하지만, 평생에 걸쳐서 해답을 찾으려고 애써야만 한다. 그런가 하면 질문을 제기하는 일자체가 가장 어려운 부분이 되는 탐구도 있다. 본인이 이미 잘 알고 있는 것을 그냥 숙고해서 해결하는 탐구가 있다. 다양한 연구 조사가 필요한 탐구도 있다. 탐구자가 반드시 자신을 진지하게

> **기독교 신학(Christian theology)**
>
> 기독교 증언의 타당성에 대한 비판적 탐구
> (a critical inquiry into the validity of
> Christian witness)

투신投身해서 혁신적 경험도 마다하지 않고, 심지어 기꺼이 전혀 다른 부류의 사람이 되려는 각오가 필요한 탐구가 있는가 하면, 그럴 필요가 전혀 없는 탐구도 있다. 이미 확고한 결론이 나온 탐구가 있는가 하면, 수세대에 걸쳐서 탐구해도 쉽사리 해결되지 않고 무한정 지속하는 탐구도 있다. 꾸준히 지속하는 탐구가 있는가 하면, 탐구의 질문과 방법 자체를 면밀히 검토해서 계속해서 수정을 가해야 할 탐구도 있다.

철학자 윌프리드 셀라스Wilfrid Sellars(1912~1989)는 이렇게 주장했다. "철학의 목적은 ─추상적으로 표현해서─ 가능한 가장 넓은 의미에서의 사물들이, 가능한 가장 넓은 의미에서 어떻게 서로 일치하는지를 이해하는 데 있다."1 철학을 이렇게 정의할 때 매우 복잡한

---

1 Wilfrid Sellars, *Science, Perception and Reality* (London: Routledge & Kegan Paul,

탐구가 되고 마는데, 이 경우 사물들과 사물들의 가능한 관계성들에 관한 (또한 '사물'이나 '관계성'과 같은 개념에 관한) 몇 가지 매우 일반적 질문들이 특정한 사물들과의 관계성들에 대한 보다 특수한 질문들을 야기한다. 이렇게 매우 복잡한 탐구로 정의된 철학에서 이 질문들은 끊임없이 검토되고 수정된다. 철학은 진지한 탐구자에게 명확한 요구를 하는 탐구다. 철학은 분명한 대답을 얻지 못하고, 하나의 끝없이 열려진 탐구로 남을 가능성도 있다. 어떤 경우 철학자들이 사물들이 어떻게 서로 일치하는지를 해명해낸다고 할지라도(어떤 경우 설령 명확한 해명을 제시했다고 주장할지라도), 이 해명들은 진지하게 고찰될 때 즉각적으로 비판을 받게 되고, 계속해서 탐구돼야만 한다. 철학자들과 철학들은 오고 가지만, 철학은 계속된다. 철학은 인간의 모든 탐구 가운데 가장 포괄적이고, 가장 제약을 받지 않고 개방된 탐구일 것이다.

앞으로 살펴보겠지만 기독교 신학 탐구는 철학적 차원을 갖고 있으며, 이 때문에 신학 탐구 역시 철학적 탐구의 포괄적이고 무제약적으로 개방된 특성을 그대로 공유한다. 하지만 이와 동시에 기독교 신학은 그처럼 포괄적이고 개방된 철학보다 훨씬 더 폭이 넓은 동시에, 초점은 좁게 집중된 학문이다. 기독교 신학은 그 다루는 대상인 기독교 증언이 제아무리 광대하고 다양하고 복잡하다고 해도, "기독교 증언"이라는 뚜렷이 한계가 그어진 대상이므로 철학보다는 초점이 더 좁다. 그런가 하면 기독교 신학은 그 대상에 관해 제기하는 질

1963), 1.

문—즉, 기독교 증언의 타당성에 관한 질문—이 철학적 차원 그 이상의 것을 가진 까닭에 철학보다는 훨씬 더 폭이 넓다.

오로지 기독교 신학만이 '신학'이라는 이름을 독점할 권리는 없다. 예컨대, 기독교 신학이 기독교 전통과 관계하는 것과 마찬가지로, 타종교 전통과 관계하는 신학들(이를테면, '유대교 신학'이나 '이슬람 신학'이 있다. 그런가 하면, 하나 이상의 전통에서 파생된 사고를 활용할지라도 기본적으로 어떤 특정 종교 전통에 얽매이지 않는 신학(예컨대, '자연신학'이나 '철학적 신학')이 있다. 이 모든 신학들이 '신학'이라는 이름을 적절히 주장한다는 사실, 즉 '하나님^{theos}'에 관해 올바르게 생각하고 '말하는^{logos}' 문제에 관심을 집중하는 방법을 보여 준다.[2]

딱히 신학적인 종류의 탐구뿐만 아니라, 기독교 전통이나 기독교 전통의 특수한 양상에 관한 수많은 다양한 탐구들—예컨대, 심리학적, 경제학적, 문학적 탐구 등등—이 있다. 이런 비신학적 탐구들이 신학 탐구와 필연적으로 충돌을 일으키거나 적대적인 것은 아니다. 이 사실은, 이를테면 플라톤의 대화편을 문학적으로 연구하는 것이 이 대화편을 철학적으로 연구하는 것과 반드시 충돌을 일으키거나

---

2 기독교 증언의 타당성에 대한 비판적 탐구라는 말이 '신학'이라는 이름을 비슷하게 얻게 된 이유는 단지 이 비판적 탐구가 추구하는 증언이 하나님에 관한 증언이기 때문이다. 기독교 증언 그 자체는 "하나님에 관한 말"(God-talk)이라는 직선적 의미에서의 '신학'이다. 우리가 계속해서 '신학'을 '증언'과 구별할 때, 이것은 신학이라는 말의 직선적 의미의 타당성을 부인(否認)하는 것이 아니고, 다만 증언 그 자체와 증언에 대한 합리적 반성을 구별하고자 하는 것이다. '신학'이라는 용어의 이런 모호성은 기독교가 이 용어를 사용하기 이전부터 있었고, logos라는 단어가 '말'(담론 등등)이나 '사유'(반성 등등)를 의미할 수 있다는 사실에 근거한다.

적대적이지 않은 것과 같은 이치다. 분명히 플라톤의 대화 한 편의 문학적 특성을 분석하는 것이 이 대화에 관한 철학적 논쟁을 파악하는 데 도움을 주듯이, 기독교 증언에 대한 비신학적 연구는 이런저런 방식으로 신학적 이해에 자주 이바지한다. 기독교 신앙에 적대적인 것처럼 보이는 전제나 절차를 가진 탐구들(예컨대, 교회 역사에서 발생한 어떤 사건이나 당대의 어떤 교회 활동을 마르크스적으로 분석한 탐구)조차 새로운 자료를 제공하거나 중요한 질문을 제기함으로써 신학적으로 유용할 수 있다. 신학이 이런 비신학적 탐구들의 절차나 결과를 깡그리 묵살할 수 없듯이, 그렇다고 해서 이 절차와 결과를 있는 그대로 차용만 할 수도 없다. 그러므로 여러 다른 탐구의 도움을 기대할 때, 그 각각의 탐구가 신학적 과제에 영향을 미칠 법한 문제를 세심하게 평가할 필요가 있다.

기독교 신학은 다름 아닌 기독교 증언의 타당성에 관한 복잡한 문제에 관심을 기울인다는 사실에서 다른 탐구들과 구별된다. 이런 독특한 관심 때문에 기독교 신학은 비판적 탐구, 즉 탐구의 주제에 관해 어떤 종류의 판단을 만들어내려는 목적을 가진 탐구가 된다. 하나의 비판적 탐구는 일반적으로 이전에 계속돼온 인간의 어떤 행위를 주제로 삼는다. 비판적 탐구는 이 행위를 의식적으로 반성하는 행위로 끌어내는 데 그 목적이 있으며, 특히 몇 가지 적절한 판단 기준(규범)을 밝혀내서 인간의 행위와 이 행위에서 나온 결과물에 적용하는 데 그 목적이 있다. 한 탐구를 비판적 탐구로 특성화시키는 것은 이런 반성에 관한 관심, 즉 "합리적 판단"을 만들어내는 것에 관한 관심이다. 비판적 탐구가 그 의도와 효과에서 주로 부정적일 것이라고 지레짐작해서는 안 되며, 비판적으로 탐구하는 것이 이미 행해진 것이나 말해진 것에 대해서 긍정적이든 부정적이든 어떤 판단을 만들어내는 일이 전부라고 생각해서도 안 될 것이다. 비판적 탐구는 구성적 측면—즉, 목하目下 검토 중인 행위를 계속 수행하기 위해 머릿속으로 상상해서 판단이나 제안을 내놓는 것—을 포함할 수 있으며, 실제로도 흔히 포함한다. 존 패스모어John Passmore(1914~ 2004)에 따르면, "'비판적 사고'라고 하면 대개 반대를 생각해내는 능력에 불과하다고 치부할 수 있으므로", 외려 "비판적-창조적" 사고와 같은 용어가 비판적으로 사고하는 실제 과정을 훨씬 더 잘 표현한다. "위대한 전통에 드러난 비판적 사고는 상상력과 비판력을 사고라는 단일 형태로 결합한다. 즉, 문학, 과학, 역사학, 철학, 혹은 기술 과학에서 자유자재로 흐르는 상상력은 비판 때문에 통제되며, 비판은 다시 사물을 관찰하는 새로운 방법으로 변형된다."3 기독교 신학을 하나의 비판적 탐구로 부르는 것은 분명히 이 탐구의 창조적 성격을 부인하거나, 이 창조성의 중요성을 깎아내리려는 것이 아니다. 신학적 반성의 결과로 나온 긍정적 제안이 신경信經과 예전, 법, 목회 관행, 사회 행위, 제도 개혁 등등 교회 생활의 구석구석에 흘러 들어가 통합됨에 따라서, 신학은 기독교 전통에 지속적으로 영향을 미치고 있다. 교회의 행위에 대한 비판적 반성으로서의 신학은 교회의 과거

---

3 John Passmore, "On Teaching to be Critical," in *The Concept of Education*, ed. R. S. Peters (London: Routledge & Kegan Paul, 1967), 201.

역사에 대해서 만큼이나 교회의 장래 행위에 대해서도 깊은 관심을 기울인다. 실로 교회가 자신의 과거를 신학적으로 성찰하는 이유는 순전히 교회의 장래를 위해서다.

비판적으로 탐구할 때 주어진 주제인 '일차적' 행위와 담론談論에서의 비판적 탐구를 구별하고자 가끔 비판적 탐구를 '이차적' 작업으로 부를 때가 있다. 문학 비평이 문학을 위해서 대기하는 것처럼, 비판적 탐구로서의 신학은 기독교 증언을 위해서 대기한다. "일차적 행위"와 "이차적 탐구"의 구별을 신학에 적용할 경우, 장단점이 다 있다. 이 구별은 비판적 탐구로서의 기독교 신학이 기독교 증언이 아니라, 이 증언을 연구하는 것이라는 사실을 올바르게 보여 준다. 증언을 연구하는 것은 이 증언에 기여할 수도 있지만, 어디까지나 그 "증언에 관한 연구"가 "증언 행위 그 자체"와 혼동이 되지 않을 때만 기여할 수 있다. 이것은 극히 중요한 문제이지만, 흔히 애매모호한 문제이기도 하다. 비판적 탐구로서의 신학은 증언이 아니며, 제아무리 세련되고 정교하게 다듬은 증언이라고 할지라도 신학은 아니다. 더 정확히 말해서, 신학은 증언에 대해서 반성하고, 증언의 타당성―즉, 증언의 '진정성'과 '진리성', 증언이 수행되는 상황에의 '적합성'―을 검토하는 연구 작업이다. 한 기독교인이 신학적 반성에 뛰어든다는 사실은, 이 기독교인으로 하여금 좀 더 올바르게 증언을 할 수 있게 할 목적으로 일종의 자기비판을 수행하도록 하는 것으로서 가장 잘 이해될 수 있다. 신학적 반성은 자신이 하는 현재 활동이나 이해, 책무와 자신이 다니는 교회의 현재 활동이나 이해, 책무에 관해 몇 가지 까다로운 질문을 제기한다. 물론 이런 활동이나 이해, 책무에 관해 진지하게 비판적으로 반성할 정도로 충분히 이런 것에서 벗어나 "거리를 두는 것"(마음만 그렇게 먹을지라도)이 확실히 불편할 수도 있다. 이런 이유로 사람들은 자신이 현재 알고 있는 지식을 좀 더 직접적이고 무비판적으로 긍정해주며, 이미 내려진 결정 사항을 정밀하게 검토하도록 고집하지 않고, 그냥 이 결정 사항을 적당히 정당화해주는 근거를 대는 형태의 신학을 바랄지도 모른다. 의심할 여지 없이 이런 형태의 합리화가 '신학'이라는 이름으로 매우 빈번하게 자행되고 있는 것이 사실이다. 이 경우 신학은 증언을 검토하는 작업이라기보다는, 증언을 계속 연장하는 것에 더욱 가깝다. 따라서 신학을 '이차적' 연구 작업으로 인식할 경우, 이처럼 신학이라는 용어를 함부로 남용하는 것을 막을 수 있다. 원칙적으로 '신학'이 '기독교 증언'과 구별될 때만 신학은 중요하고 특별하게 기독교 증언에 이바지하게 된다. 기독교인의 삶을 검토하고, 이 삶의 과거와 현재와 관련해서 어떤 판단에 도달할 때 신학은 기독교인의 삶에서 하나의 반성하는 계기가 된다. 그러므로 신학은 교회와 교회에 속한 모든 교인이 부름받은 바, 지속적 회개의 한 양상이다.

바로 앞에서 말한 요점이 시사하듯이, '일차적'(증언) 대^對 '이차적'(신학)의 구별은 결코 신학과 증언을 강제로 분리하는 방식으로 적용해서는 안 될 것이다. 신학과 증언은 분명히 상호의존적이며, 양자 사이의 구별은 엄밀히 말해서 기능적 구별에 불과하다. 따라서 신학과 증언의 구별은 '학술적인 것'과 '통속적인 것' 사이의 구별로 해석해서는 안 된다. 이것은 학술적 신학 탐구가 있으며 —실제로 반드시 있어야 하겠지만— 증언이 실행되는 기독교인의 삶에도 반성하고 판단하는 과정으로서의 신학적 요소가 있을 수 있기 때문이다. 신학과 증언의 구별은 어떤 진술을 보고서 이 진술이 '신학'에 속하는지, 아니면 '증언'에 속하는지 손쉽게 가려낼 수 있는, 어떤 두 가지 다른 담론 사이의 구별로 생각해서는 안 된다. 수많은 진술이 '신학'과 '증언'의 두 가지 기능을 다 할 수 있으며, 실제로도 그런 기능을 해오고 있는데, 이 진술이 신학적 담론이 될 때가 있는가 하면, 단순히 기독교 메시지를 전달하기 위한 증언으로 사용될 때도 있다. 거듭 말하지만, 신학과 증언의 구별은 기능적 구별에 불과한데, '기능'이 '형식'으로부터 항상 구별되는 것은 아니다. 그러므로 우리는 실행 중에 있는 사건과 상황을 주시해야만 한다. 기독교 증언이 이 증언의 '타당성'과 관련해서 검토될 때 신학이 시작된다. 기독교 증언을 실제로 주장하고 수행할 때 증언이 시작된다.

증언=일차적 행위 (witness=the first-order activity)	대(對) Vs.	비판적 탐구=이차적 연구 행위 (critical inquiry=the second-order study)
'증언'과 '신학'은 기능적 구별이지만, 양자를 따로 분리(separation)하지 않고 구별(distinction)은 해야만 한다.		
기독교 증언이 '타당성'과 관련해서 검토될 때 신학이 시작된다(When Christian witness is being examined as to its 'validity', there is theology).		
온전한 신학적 탐구를 위해서 증언에 '참여하기'(engagement/personal involvement)와 '거리두기'(distance/detachment)가 다 필요하다.		

물론 '신학'과 '증언'의 두 행위는 대체로 어느 정도 동시 발생적이
다. 증언이 시작될 때도 신학적 반성은 중단되지 않는데, 결코 중단
해서 안 될 일이다. 반성은 되려 실천과 함께 일어나며, 참신한 판단
이 필요한 상황이 발생할 때마다 실천은 계속해서 반성의 지도를 받
아야 한다. (이것은 우리가 매 순간 '반성적'이 돼야만 한다는 말이 아니다.
만일 매 순간 반성을 하게 된다면, 무용수나 외과 의사처럼 춤을 추거나 수
술을 집도할 때의 숙련된 기술에 방해가 될 수도 있다. 한 사람이 지닌 재능
일부는 정확히 반성이 필요한 때가 언제인지를 알아내고, 즉각적 상황에 적
절한 주의를 기울이면서 반성을 할 수 있는지 아닌지에 의해 가려진다.) 마
찬가지로 흔히 증언에 참여할 때 신학적 반성 그 자체는 향상된다.
개인적으로 직접 참여할 때나 지나치게 편협하게 집중할 때 발생하
는 지각과 판단의 왜곡을 줄이기 위해서 간혹 자신이 반성하는 대상
으로부터 어느 정도 거리를 둠으로써 얻는 이점이 있는 것처럼, 정확
히 개인적으로 직접 참여함으로써 얻는 이점도 분명히 있다. 우리가
이해하려고 노력하는 현실에 직접 참여함으로써, 우리는 대체로 상
황을 더욱더 분명히 이해하게 되고, 주어진 행위나 언어의 요점을
잘 파악해낼 수 있고, 우리의 지각과 개념 능력을 예리하게 가다듬을
수 있다. 그러므로 초연하게 '거리를 두는 것'과 직접 '참여하는 것'
가운데 어느 하나를 선택한 나머지, 둘 중의 하나를 취사선택하는
것만이 적절한 신학 탐구 자세라고 지레 단정해서는 안 된다. '거리
두기'와 '직접 참여'는 모두 필요하다. 하지만 증언할 때 '주장하는 것'
과 '반성하는 것'이 동시에 필요하듯이, 신학을 할 때도 '거리 두기'와

'직접 참여'가 모두 필요하다는 사실 때문에 '신학'과 '증언' 사이의 구별이 모호해져서는 안 된다. 앞에서 지적한 것처럼, '일차' 대(對) '이차'와 같은 전문 용어가 얼마든지 양자 간의 "잘못된 대조"를 되풀이하는 데 오용될 수 있기에, 매우 주의해서 이 용어를 사용해야만 한다.

신학을 하나의 비판적 탐구로 부른다고 해서, '신학'이 동일한 주제에 관한 다른 비판적 탐구와 충분히 구분되는 것은 아니다. 신학을 비판적 탐구로 부른다고 해서, 이 탐구에 어떤 종류의 비판이 포함됐는지, 이 탐구가 어떤 목적을 갖는지에 대해서 드러난 사실은 아무것도 없다. 비판은 매우 다양한 방법으로 밀려온다. 예컨대, 철학자가 "사물들이 어떻게 서로 일치하는가"를 해명하는 작업은 각 철학자의 관심에 따라서 다양한 방법으로 비판될 수 있다. 다시 말해, 이 해명을 잘 진술했는가? 이 해명이 사물들이 서로 일치하는 방법을 제대로 표현하는가? 철학자 자신의 원칙을 고려할 때, 이 해명이 가장 훌륭한 해명인가? 이 해명이 계급 투쟁(혹은 자유기업 체제)을 제대로 옹호하는가? 이 철학적 해명이 교회의 가르침과 일치하는가? 이런 질문들 가운데 일부는 철학적 비판을 —즉, 이 해명을 철학적 해명으로 판단하려는 노력을— 표현하고 구성하는 데 도움을 준다(이 목적을 달성하기 위해 이 질문이 적절히 표현됐는가 하는 문제는 또 다른 문제인 동시에 철학 문제이기도 하다). 일부 다른 질문은 분명히 비판의 다른 양식들—즉, 문학 비평이나 정치 비평—을 표현한다. 이처럼 다른 비판 양식들은 철학적이지 않지만, 그렇다고 해서 반드시 부당하다고만은 할 수 없다. 철학 작품을 철학으로 평가할 수 있지만, 문학이나 하나의 정치 성명서 등등으로도 평가할 수 있다. 이런 다양한 비판 양식들은 서로 고립돼서는 안 되는데, 그것은 이 양식들이 서로를 이해하는 데 도움을 주기 때문이다. 그럼에도 이 비판 양식들을 서로 혼동해서도 안 된다. 어떤 경우든지 간에 우리 자신의 목적과 절차 사이의 관계성을 분명히 하는 것이 단연코 중요하다.

기독교 증언에 대해서도 다양한 방법으로 비판적 평가를 할 수 있다. 조나단 에드워즈^{Jonathan Edwards}(1703~1758)의 설교를 문학 작품으로 읽을 수 있다. 공관 복음서의 신뢰도를 사료로 평가할 수 있다. 텔레비전 복음 전도자들의 수사학적 표현이나 제작 기술을 연구할 수도 있다. 가톨릭교회가 현대 폴란드에 끼친 정치적 영향을 평가할 수도 있다. 기독교 증언을 문학, 역사 등등으로서 비판해도 된다. 기독교 증언은 또한 기독교 증언 그 자체로서 비판될 수도 있다. 기독교 신학의 특수 과제는 바로 이와 같은 비판을 가하는 데 있다. 다시 말해 기독교 신학은 기독교 증언의 주어진 표본—과거, 현재, 미래의 표본—을 정확히 기독교 증언으로서 이 표본에 속한 기준으로 판단한다. 2장의 서두에서 제시한 기독교 신학의 정의를 놓고 볼 때, 이것이 기독교 신학을 기독교 증언의 타당성에 대한 비판적 탐구로 이해할 때의 의미다.

이미 지적한 대로, 기독교 증언의 타당성을 비판적으로 탐구하는 것은 복잡한 과제다. 어떤 경우에 이것은 역사적 정확성이나 제작 기술, 정치적 영향과 같은 다양한 문제를 탐구하는 것일 수도 있다. 증언의 타당성에 관한 질문에 대답하기 위해서 서로 복잡하게 얽힌 다양한 종속 질문을 제기하거나 대답해야만 한다. 3장에서 신학 탐구의 세 차원—즉, 세 가지 주요 질문—이 어떤 것인지를 밝혀내고, 이 세 차원을 각 차원의 고유한 구조 및 절차와 결부시킬 것이다. 이 세 차원이 종합되고 적절히 연결돼서 기독교 증언의 타당성에 대한 탐구로서의 기독교 신학이 성립된다.

그러나 신학을 '비판적 탐구'로 이해하는 것과 '신학'이라는 용어를 현저히 다른 방법으로 사용하는 것과의 관계성에 대한 문제를 적어도 잠정적이나마 먼저 다루는 것이 좋겠다. '신학 탐구'와 같은 어떤 것이 있다는 사실은 논쟁의 여지가 없다(물론 오랫동안 신학적 질문과 대답이 있었지만, 무엇보다도 '탐구'가 '비판적 탐구'를 의미하는 경우 사정이 항상 그렇게 명확했던 것은 아니다. 때때로 '비판적 신학 탐구'라는 용어에 모순이 있는 것처럼 비칠 수도 있었다. 몇몇 사람들에게는 여전히 그렇게 보일 수 있을 것이다). 그러나 신학을 주로 이와 같은 '비판적 탐구'로 생각해야만 한다는 사실은 —이렇게 생각하는 것이 '신학'의 제일의, 적절한 의미라고 하는 사실은— 그렇게 명백했던 것은 아니다. 사실 신학을 이와 다른 의미로 사용했다는 사실이 일반적인 현실이었다.

개신교나 가톨릭교회나 막론하고 교회사에서 신학을 주로 하나의 하비투스*habitus*, 즉 하나의 습성(주로 아리스토텔레스에게서 비롯됐고, 전통적으로 인간 본성을 논할 때 많이 사용한 '적성*aptitude*'이나 '성향*disposition*'과 같은 말을 뜻하는, 기술적技術的 의미에서의 '버릇')으로 생각한 적이 있었으며, 신학이 어떤 종류의 습성인가를 상술詳述하는 일에 깊은 관심을 기울인 적도 있었다. 일례를 들면, 루터교 초창기의 모범적 저술가인 요한 게어하르트Johann Gerhard(1582~1637)에게 신학은 '지혜sapientia'—신학이 특별한 의미로서의 하나님이 부여하신 능력이며, 인간의 모든 보통 지혜와는 다르다는 점을 제외하고서—와 같은 하나의 실천적인 지적 하비투스였다. 게어하르트의 심리학에서 가장 근접해서 얻을 수 있는 범주는 '지혜'다. 하비투스와 다른 어휘를 사용할 경우, 게어하르트의 주장을 밀고 나가기 위해서 신학을 하나의 '이해'로 지칭할 수도 있다. 여기서 말하는 '이해'는 어떤 사람이 현실이나 현실의 어떤 양상에 참여하고자 할 때 –이 경우, 우리와 하나님의 관계 및 이 관계가 수반하는 모든 일에 참여하고자 할 때–갖춰야 하는 일련의 '개념적 능력'을 말한다. 하비투스로서의 신학은 신앙의 지적이고 인식론적 구성 요소로서 그 본질에서 신앙에 속하는데, 여기에서 신앙의 지적이고 인식론적 구성 요소란 신앙의 '객관적' 지적 구성 요소—즉, 신조—가 아니라 이 신조를 믿는 행위를 말하는데, 이 믿음의 행위가 단순히 어떤 견해를 갖는 것(게어하르트 시대에는 역사적 신앙fides historica[기독교 진리에 대해서 단지 지적으로 승인하는 것 _옮긴이 쥐으로 불렸던 것)을 넘어서 기독교적 자아를 형성하는 확신의 문제나, 아니면 실존적 '자기이해'가 될 때 신앙에 속한다. 게어하르트의 견해로 볼 때, 목회자와 기독교 교사는 자신이 맡은 교인들과 학생들을 올바로 지도하기 위해서 일반 신자들보다 이런 '적성'—즉, 좀 더 온전하고 더 정확한 이해력—을 갖출 필요가 있다. 하지만 이처럼 좀 더 엄밀한 의미의 '신학'과 단순히 '믿는 행위' 사이에

정도의 차이는 있겠지만, 종류의 차이는 없다.[4]

신학의 하비투스를 하나님이 주신 선물로 여긴다고 해서 게어하르트나 다른 신학자들은 이 습성을 얻기 위한 노력을 포기해야 한다고 생각하지 않았으며, 외려 신학적 이해의 몇 가지 전통적 수단들—예컨대, 루터가 권한 기도^{oratio}, 명상^{meditatio}, 시험^{tentatio}—에 역점을 두도록 권장했다. 이 수단들은 그 자체가 인간의 보통 노력과는 다른, 하나님이 특별히 부여하신 이해의 수단들로 생각될 수도 있다. 이와 동시에 이 수단들은 그 본성상 특히 "신앙에 적합한 지적 성향"을 개발하는 데 알맞은 것처럼 생각됐다. 이 원리를 따라 실천하다 보면 성서에 있는 하나님의 말씀에 순종하면서 자신을 새롭게 변혁시키는 모험을 하게 된다. 여기서 강조점은 탐구자가 연구하고 있는 '본문'이나 '교리'에 탐구자가 몸소 뛰어들고 있다는 사실에 있다. 다시 말해 성서 본문이나 교리의 진리를 겸손히 받아들이는 수용성을 강조하고, 이 진리에 의해 자신의 이해가 형성되도록 마음과 정신 자세에 기꺼이 그 진리에 따라 이끌리고 영향을 받고자 하는 의향^{意向}을 강조한다. 이렇게 해서 이해되는 것은 단순히 '본문'만이 아니다. 이해의 도구로 사용되는 본문과 더불어 하나님의 은혜로 '자신'과 '세계'까지도 함께 이해된다. 성서와 전통을 올바로 해석하기 위한 몇 가지 사실적이고 전문적인 기술 지식(예컨대, 언어나 지리, 인간 행동 등등)의 중요성은 무시되는 경우가 드물었지만, 그 특성상 객관적이

---

4 Johannes Wallman, *Der Theologiebegriff bei Johann Gerhard und Georg Calixt* (Tübingen: J. C. B. Mohr [Paul Siebeck], 1961), 71-75를 보라.

고 평범한 수단으로 얻는 이런 지식이 진정한 신학적 이해를 구성하는 요소는 아니었다.[5] 이렇게 전문 기술을 과도하게 추구하는 관심은 흔히 위험한 것으로 여겨졌는데, 그것은 이 관심이 잘못된 대상에게 집중됐다는 이유뿐만 아니라 이 관심의 집중 자체가 잘못된 종류의 집중이었기 때문이었다. 다시 말해 성스럽기보다는 세속적이었으며, 자신이 직접 참여하기보다는 '객관화시키는 것'이었으며, 주어진 대상과 관련해서 기도와 명상을 통해 자신을 겸손히 하나님의 손에 맡기려고 하기보다는 이 사실들을 다루기에 적합한 학문적인 방법을 통해 성서 본문이나 교리 진술에 관한 사실을 제멋대로 파악하고 사용하려는 교만한 시도였기 때문이다.

신학적 하비투스	기도, 명상, 시험을 통해 신앙에 적합한 지적 성향을 개발하는 것
신앙의 지적 성향으로서의 신학 (theological *habitus*)	the development of the intellectual disposition appropriate faith through *oratio*, *meditatio*, and *tentatio*, theology as the intellectual disposition of faith)

조금 전에 언급한 성서나 교리에 관한 두 가지 연구 방법 사이에 일어날 갈등의 가능성은 꽤 오랫동안 감지感知되고 있었다. 12세기에 이런 갈등 가능성은 성독聖讀/*lectio divina*의 옛 전통—즉, 수도원에서 실시한 것처럼 인내와 명상을 통해 천천히 성서를 읽어나가면서 본문의 의미를 서서히 흡수하는 방법—과 장차 최초의 대학으로 바뀔

---

5 *Ibid.*, 33-45.

학교의 인문 교양 과목에서 실시된 방법을 통해 성서와 교리에 비판적으로 접근하는 새로운 방법 사이에 일어난 갈등에서 표출됐다.[6] 이 갈등은 수도원적이고 헌신적 의미에서의 '훈련'과 학술 비판적 의미에서의 '훈련' 사이에 일어난 차이점이었다. 다시 말해 학술 비판적 의미에서의 훈련이 "신앙의 지적 성향"으로서의 신학과 무슨 관계가 있는가의 질문이 자주 제기됐다. 17세기 이후 상당수의 개신교 교의학에서 '신학'과 '철학'이 상호 관계되어온 (혹은 흔히 상호 대립해온) 방식에서 이와 똑같은 긴장이 극명하게 나타났다. 예전에 성독을 옹호한 사람들의 경우가 그랬던 것처럼, 성서의 진리를 선뜻 잘 받아들이고 하나님께 순종적일 수도 있고, 아니면 부적절한 질문을 제기할 수도 있다는 인상이 종종 주어졌다. 성서의 진리를 잘 받아들이고 하나님의 말씀에 순종하는 길은 신학적 하비투스를 함양해주도록 —즉, 하나님과 관계된 것을 올바로 이해하도록 이끌어주지만— 성서나 하나님을 향해 부적절한 질문을 제기할 경우 지옥으로 직행할 뿐이었다.

하나의 '비판적 탐구'로서의 신학 개념은 조금 전에 언급한 신학 이해와 분명히 거리가 먼 것처럼 보인다. 아니, 단지 서로 다를 뿐 아니라, 신학적 하비투스의 형성이 현대의 비판 정신이 극도로 의혹의 눈초리를 보낸 관행과 태도 가운데 일부를 —즉, 지성을 권위에 굴복시키거나 이성이 아닌 감정에 사로잡히는 것, 의심하지 않고 쉽

---

6 G. R. Evans, *Old Arts and New Theology: The Beginnings of Theology as an Academic Discipline* (Oxford: Clarendon Press, 1980), 1장, 특히 44-45를 보라.

게 잘 믿는 것(輕信性) 등등을— 포함한다고 이해되는 한, 적대적인 것처럼 보이기까지 한다. 바로 여기에 진짜 갈등이 도사리고 있는데, 이 갈등이 유발될 때 신학에 대한 두 가지 접근 방식에서 무엇이 진정으로 중요한 문제인가를 가려낼 수만 있다면, 갈등은 해소될 수 있다. 예컨대, 옛 입장에서 하나의 부인할 수 없는 진실은 '신학적 이해'가 객관적 자료를 마음대로 조작하고 통달하는 것뿐만 아니라, 우리 자신의 주체성을 확대하고 풍부하게 하고 심지어 변혁하는 것까지 포함한다는 사실에 있다. 이런 신학적 이해는 단순히 편협하게 이지적인 것에 국한하지 않고, 포함된 개념의 특성상 자아의 다른 차원까지 다루는 바, 일종의 '개념적 성장'을 요구한다. 신학을 '비판적 탐구'로 제대로 득성화시킬 수 있는가 하는 문제는 비판적 탐구의 개념이 신학적 이해의 이와 같은 "옛 측면"(즉, 하비투스로서의 신학)을 무시하거나 반대하지 않고 포용하고, 그리하여 옛 전통의 핵심적 탁견을 정당하게 평가할 수 있을 만큼 충분히 폭이 넓은가에 어느 정도 달려 있다.

분명히 "비판적으로 사유하는 것"(비판적 탐구)이 이 가능성을 배제한다는 것이 일반적 견해다. 여기에서 기독교 신앙을 이해하는 데 꼭 필요한 참여의 종류와, 이 이해의 본질과 타당성을 반성하는 데 꼭 필요한 거리 두기의 종류 사이에 생기는 긴장은 "충직한 순종" 대(對) "교만에 가득 찬 자율성"(첫 번째 대립을 선호할 경우), 아니면 "미숙한 의존성 대 책임적 반성"(두 번째 대립을 선호한다면) 사이의 대립이 되고 만다. 이 양극단 가운데 어느 한쪽을 선호하는 사람은 이 선호에 상응하는 오용의 실례를 찾고자 멀리까지 갈 필요가 없다. 옛 전통이 신앙을 이해하는 데 필요한 그 나름의 식견을 지켜내고 적절히 실행되도록 촉진한 몇 가지 방법은 이와 동시에 무비판적 전통주의를 부추겼으며, 기독교 증언의 본질로 표현된 것의 타당성에 대해 반드시 제기해야 할 중요한 질문들을 아예 질문조차 못 하도록 가로막았다. 그리하여 기독교 증언의 의미와 진리에 관한 비판적 질문과 성서의 역사성과 신뢰성 문제, 교회가 교회 최초의 역사적 기원과 연속성을 갖는다는 주장, 교회가 하나님의 재가를 받았다는 주장 등등은 모조리 외부에서 제기됐고, 또한 교회를 심하게 압박하게 됐을 때, 교회는 이런 문제들을 다룰 수 있는 준비가 전혀 되지 않은 채 침울하게 무방비 상태에 빠지게 됐는데, 이것은 어느 정도 옛 신학 전통에도 책임이 있었다. 이와 동시에 현대의 비판 정신으로 고취된 신학이 가끔 자신이 제대로 이해도 하지 못한 문제를 지나치게 성급히 판단했다는 점도 명백한 진실이다. 이 경우의 문제는 신학이 "지나치게 비판적"이었다는 사실이 아니라, 충분히 비판적이지 못했다는 사실—즉, 신학이 자신이 이해한 것에 대해서 충분히 비판적이지 못했거나, 아니면 자신의 방법론에 대해서도 충분히 반성하지 못했다는 사실—에 있었을 것이다. 어쨌든 신학을 비판적 탐구로서 올바로 이해하기 위해서는 참여와 반성 사이에 가로놓인 명백한 대립을 극복하고, 이 참여와 반성을 철저히 비판적 접근 방법을 통해 함께 통합하는 성질의 것이 돼야만 할 것이다.

참여하기 (하비투스로서의 신학)	vs.	거리두기 (비판적 탐구로서의 신학
충직한 순종 (faithful obedience)	vs.	교만에 가득 찬 자율성 (prideful autonomy)
미숙한 의존성 (immature dependence)	vs.	책임적 반성 (responsible reflection)

신학적 하비투스를 제일의 적절한 의미의 '신학'으로 여기는 전
통은 흔히 비판적 탐구를 의혹의 눈초리로 보는 일부 보수적 신학권
神學圈 안에 계속 살아남았다. 하지만 신학을 하비투스로 보는 견해와
탐구로 보는 견해에 관한 훨씬 널리 퍼져있는 현재의 대안은 때로
'신학'의 주관적 의미가 아닌, 객관적 의미를 신학의 일차적 의미로
취급한다. 신학을 객관적 의미로 다룬다는 것은 아는 행위나 그 안
것을 믿는 행위(하비투스), 혹은 그 안 것을 습득하거나 시험하는 과
정이 아니라, "알아졌거나 믿어진 것"을 지칭하기 위해서 신학이라
는 용어를 사용한다는 말이다. 대개 누군가 어떤 특정 인물이나 특정
단체의 신학을 언급할 때 의미하는 것은 그 신학자나 그 단체의 신학
적 적성이나 신학하는 행위가 아니라, 그 신학자 개인이나 단체가
견지하는 사상이나 입장이다. 이처럼 객관적 의미에서의 '신학'은
'교리', '가르침', '신조', 혹은 '견해'와 동의어가 된다. 그렇다면 객관
적 의미의 신학은 신학적 반성 그 자체라고 할 수 없으며, 그 신학이
수반하거나 전달하는 모든 종류의 하비투스도 아니고, 단순히 신학
적 반성으로 나온 결과가 되고 만다. 객관적 의미의 신학은 대체로
사도들로부터 쭉 전승돼온 기독교 전통과 공교회의 가르침들(고백,

신경 등등)에서부터 비공식적 문서에 이르기까지 —또한 이른바 평범한 신자의 마음에서 저절로 우러나온 증언에서부터 전문 신학자가 주의를 기울여 가장 정교하게 만든 비판적 판단들에 이르기까지 — 기독교 전통의 신앙을 표현하는 모든 경우를 포괄할 것이다. 객관적 의미의 신학을 더 좁은 의미로 사용할 경우, 누군가 신중하면서도 엄격한 방법으로 신학적 반성을 한 결과를 보통 말하는데, 이런 신학은 덜 반성적이고 평범한 기독교 증언 행위와 구별된다.

주관적 의미의 신학 (theology in the subjective sense)	=	비판적 탐구의 주체적 행위 (the subjective activity of critical inquiry)	=	**하비투스**를 개발하는 것으로서의 신학 (thelogy as development of *habitus*)
객관적 의미의 신학 (theology in the objective sense)	=	신학적 반성의 결과 (the product of theological reflection)	=	하비투스로서의 신학 (theology as *habitus*)

객관적 의미의 신학이 이렇게 좁은 의미로 사용될 때 설령 그런 신학이 신학적 반성의 결과로 여겨진다고 할지라도, 어디까지나 그 초점은 반성하는 과정이 아닌, 그 반성의 결과에 계속 집중된다. 신학을 이처럼 객관적으로 생각하는 학생은 신학 교과서를 지식을 한데 모아놓은 집합체로 여기거나, 적어도 신학적 견해를 모아놓은 집합체로 여길 수 있다. 이런 형태의 객관적 신학은 분명히 누군가의 신학적 반성의 결실로서는 인정되겠지만, 주체적 반성의 과정으로 안내하기보다는 어떤 객관적 '사상'을 제시하는 것으로 그치고 만다.

이런 객관적 의미의 신학의 으뜸가는 목적은 말 그대로 객관적 정보를 전달하는 데 있는 것으로 가정된다(이 가정은 신학 교과서를 집필한 저자나 이 교과서를 사용하는 교수의 의도와는 거리가 멀 수도 있다. 하지만 이 가정은 물론 미묘하게, 심지어 부지불식간에 책을 쓴 저자나 이 책을 사용하는 교수 모두에 의해 강조될 수도 있는 가정이다). 옛 신학 전통에서의 신학 연구가 그 본질에서 신학적 하비투스를 습득하는 문제였다면, 이 옛 전통의 대안으로 제시된 객관적 의미의 신학 연구는 객관적 지식을 습득하고, 또한 이렇게 습득함으로써 하나님과 창조 등등에 대하여 훨씬 더 정교한 일련의 신조들을 습득하는 작업으로 여겨지게 됐다.

'신학'이라는 용어와 이에 상응하는 신학 연구에 대한 견해 역시 오로지 객관적 의미로만 사용될 경우, 당연히 그 신학이나 신학 연구가 주장하는 요점에 관한 문제가 발생할 수밖에 없는데, 특히 교회에서 책임적 지도력을 행사할 지도자들을 준비시키기 위해 주로 마련된 수업 과정에서 발생한다. '신학'의 객관적 의미가 비판적 탐구 과정과 언뜻 보기에 더 쉽게 조화되는 것 같지만, 객관적 신학의 가장 큰 장애물은 전통적인 연구 방법이 가장 큰 장점이 있는 것처럼 보인, 바로 그 지점에서 출현한다. 하비투스로서의 신학과 이 하비투스를 개발하는 것으로서의 신학 연구는 기독교인의 생활과 사역에 어느 정도 적실성이 있는 것이 분명한 사실이다. 하지만 우리가 여러 신학자의 신학적 견해를 잘 알고 있다는 사실이 지니는 가치가 —설령 우리가 이 견해 중 일부를 함께 나눈다고 할지라도— 누가 보더라도 항상 명확한 것은 아니다. 때때로 신학교 재학생이나 졸업생은 신학교에서 배운 것과 똑같은 교육을 회중에게 그대로 전수하려다가, 많은 시행착오를 겪은 뒤에 가서야 비로소 이렇게 하는 것이 힘들다는 사실을 깨닫게 된다. 대부분 학생이 이렇게 하는 것이 자신의 사명이 아니라는 사실을 깨닫지 못할 정도로 어리석지는 않지만, 신학교에서 배운 모든 지식이 도대체 어떤 일을 위해서 필요한지에는 여전히 의문을 품게 된다. 신학교에서 배운 교육이 신학생들이 자라났고 장차 섬겨야 할 교회 공동체의 특성으로부터 이들을 지적으로나 정서적으로 소외시키는 데만 기여하는 것처럼 보일 때도 있다. 그리하여 신학 지식이 신학생들에게 목회를 잘 준비하도록 도와주기보다는, 신학생들을 무기력하게 만드는 결과를 초래한다.

'신학'의 객관적 의미가 판을 치는 곳에서 신학의 적실성 물음이 절박해질 수 있다. 게다가 이처럼 신학 지식('학술적'이거나 '이론적' 부분)을 습득하려는 —완전히 위험하지는 않더라도 대체로 부적절한 — 구성 요소와, 교회 생활과 지도력을 위해서 좀 더 실제적인 준비 훈련을 시키려는 —한결같이 효과적이지는 않더라도 좀 더 실용적인— 구성 요소(영성 훈련을 시키기 위한 그룹과 목회 역량 및 기능 강화 강좌 등등)로, 일반적으로 신학 커리큘럼을 이원화시키는 현실에서 여태껏 그 어떤 확실한 해법도 나오지 않았다는 사실이 입증된다. 저간의 이런 사정을 놓고 볼 때, 앞으로 그 어떤 명확한 해법도 나타날 것 같지 않고, 신학 이론이 교회 현실에 부적절하다는 사실만이 자명하게 돼버리고 말았다.

이런 상황으로 말미암아 최근 한 신학자는 신학적 하비투수를 본연의 신학으로 보는 신학의 옛 용법으로 되돌아갈 것을 주장했고, 신학이라는 말의 이 의미 주변으로 신학 연구의 방향을 재정위再定位할 것을 촉구했다. 에드워드 활리는 『신학: 신학 교육의 분화와 통일 *Theologia: The Fragmentation and Unity of Theological Study*』과 기타 논문들7을 통해서 테올로기아*theologia*(활리가 주로 하비투스로서의 신학과 연결 짓는 말)를 함양하는 것이 신학 교육의 일차 목적이 돼야만 한다고 주장했다. 활리에 따르면, 신학을 오로지 객관적 지식으로만 이해하고, 이 객관적 지식을 생산하고 보급하도록 짜 맞춰진 신학 과목들이 온통 신학 교육을 지배할 경우 테올로기아는 상실될 것이며, 그 결과 이론이 실천으로부터 분리된 나머지 현대 신학 교육이 전반적으로 일관성을 잃어버리고 부적절하게 될 것이라고 내다봤다. 활리는 테올로기아를 회복하고, 이 테올로기아 주변으로 신학 교육을 재정향再定向하기 위해서 맨 먼저 "교회성ecclesiality"—기독교 공동체에 적합한 실존 양태—이 어떤 것을 포함하고 있는지를 이해해야만 한다고 생각했다. 그렇게 한 뒤 교회성을 제대로 유지하기 위해서 —특히 교회 지도력을 행사하기 위해서— 어떤 종류의 하비투스가 꼭 필요한지를 결정해야만 한다고 생각했다. 그다음에 하비투스의 형성을 목표로 삼는 —즉, 테올로기아를 가르치고 배우는 일에 집중하는— 현재 우

---

7 Edward Farley, *Theologia: The Fragmentation and Unity of Theological Education* (Philadelphia: Fortress Press, 1983); "The Reform of Theological Education as a Theological Task," *Theological Education*, 17 (1981), 93-117; "Theology and Practice Outside the Clerical Paradigm," in *Practical Theology: The Emerging Field in Theology, Church, and World*, ed. Don S. Browning (San Francisco: Harper & Row, 1983), 21-41.

리가 가진 것과 엇비슷한 커리큘럼을 짜는 작업에 착수해야만 한다고 생각했다.

활리가 테올로기아라는 용어를 사용할 때의 테올로기아는 하비투스 그 자체뿐만 아니라, 신학적 하비투스를 형성하고 이 하비투스를 직접 실행에 옮기는 학문이나 연구를 의미할 수 있다. 그러나 활리는 학문이나 연구로서의 테올로기아는 오로지 하비투스와 관련해서만 자신의 의미와 통일성을 끌어낸다고 주장한다. 활리에 따르면, "본래적이고 가장 진정한 의미에서의 신학"은 "예지적이고 개인적인 지식"을 말한다.8 신학 교육의 기획뿐만 아니라 개별 신학과목들 역시 이런 예지적 지식이나 지혜를 습득하고 전달하는 방향으로 나아가야만 한다. 만일 신학 교육과 개별 신학과목들이 이런 방향으로 나아가는 대신에 객관적 지식에만 집중할 경우, 신학은 이리저리 "흩어져서" 신학으로서의 진정한 본질을 상실하게 된다.

활리가 신학은 모름지기 하비투스를 형성하는 실천 과제 쪽으로 방향정위가 돼야 한다고 주장할 때 그의 입장은, 신학을 구성하는 다양한 과목들이 공통으로 교회 지도력의 과제를 언급하고 있다는 사실에서만 이 과목들의 신학적 정체성과 통일성을 찾을 수 있다고 주장한9 슐라이어마허와 어느 정도 공인된 유사성을 갖는다. 활리가 지적하듯이, 자신과 슐라이어마허 사이의 주요 차이점은 ─슐라이어마허의 해법이 신학이 일종의 기술적技術的 지식에서 절정에 이른

---

8 Farley, *Theologia*, xi.

9 Friedrich Schleiermacher, *Brief Outline on the Study of Theology*, tr. Terrence N. Tice (Richmond, Virginia: John Knox Press, 1966), 20-21.

다고 보면서도 현대적 형태의 신학 구성 과목들을 기본적으로 다루지 않는 데 반해— 활리 자신의 해법은 테올로기아를 신앙과 교회성에 긴밀히 연결된, 하나의 통일된 실천 지혜로 제시하며, 개별 신학 과목들이 테올로기아의 개발에 기여하는 방법을 근본적으로 재검토할 것을 요구한 사실에 있다.[10]

활리의 견해에 따를 때, 그렇다면 "교회성"을 현상적으로 기술하는 것에서 이 교회성에 적합한 하비투스를 서술하는 것으로 방향을 바꾼 뒤 —일반 교인 편에서나(평신도 교회 교육을 위한 기초로서의 테올로기아), 아니면 교회 지도자 편에서(목회 지도자를 위한 전문 신학 교육을 갱신하는 핵심으로서의 테올로기아)이든 간에— 이런 하비투스를 함양하기 위해 어떤 종류의 지적 행위가 필요한지를 설명하는 쪽으로 계속해서 나아갈 때, 신학이 어떤 것인지를 제대로 이해할 수 있다.

'신학'이라는 말의 객관적 의미를 너나없이 강조한 것이 잘못이라는 사실과 대부분의 현대 신학 교육이 이 잘못된 강조를 (아무리 모르고 그랬다고 할지라도) 확대 심화시켜왔다는 사실을 활리가 지적해낸 것은 확실히 옳다. 사실적(객관적) 지식에 집착하는 것을 선호하게 될 때, 진정한 신학 능력을 개발하는 것은 —탐구 방법에 숙달되고, 자신을 알아가고, 한 인간으로서의 자신의 능력을 확대해나가는 등의, 신학 능력을 개발하는 과정이 수반하는 모든 행위와 더불어— 쉽사리 무시된다. 이 점은 신학 교육만 그런 것이 아니다. 거의 모든 연구 분야에 있어서 학생의 능력을 개발해주는 훨씬 더 어려운 과제에 신

---

10 예컨대, *Theologia*, 127-128을 보라.

중하고 지속적으로 주의를 기울이지 않을 경우, 교육은 단지 '객관적 사실'이나 정보를 전달하는 방편으로 급속히 전락할 수 있다. 다른 분야와 마찬가지로 신학 교육 역시 신학과 관련된 지식이 급속히 확산함에 따라서 커리큘럼에 더 많은 자료를 통합시켜야 한다는 중압감이 가중되고 있다. 성서와 교회사, 교리 체계, 교육 이론, 교회의 사회적 상황 등등에 대한 지식이 신학 교육에 제아무리 유익하고, 심지어 필수불가결하다고 할지라도, 이런 객관적 지식의 습득이 신학 교육의 궁극적 목적이 아니라는 사실을 반드시 기억해야만 한다. 신학 교육의 궁극적 목적은, 활리가 주장하듯이, 하비투스—즉, 하나의 특별한 능력과 이 능력을 실행에 옮길 수 있는 성향—를 개발하는 데 있다.

하지만 신학 교육의 적절한 목적이 하비투스를 개발하는 것(혹은 덜 고답적 표현으로, 특별한 능력이나 성향을 개발하는 것)이라고 해서, 신학 그 자체가 하나의 하비투스로 가장 잘 서술된다는 말은 아니다. 이른바 '신학'의 주관적 의미와 객관적 의미 가운데 어느 하나를 선택해야만 하고, 그 둘 중 어느 하나에다가 주요한 의미를 부여해야만 한다면, 우리는 당연히 활리 편에 서서 신학과 신학 교육을 신학적 적성으로 이해해야 할 것이다. 그러나 이런 선택을 말하는 것조차도 이 선택이 떠안고 있는 주된 어려움—즉, 활리가 이 선택을 옹호하는 과정에서 계속 보여 주는 난점—을 드러낸다. 다시 말해 하나의 하비투스 그 자체는 반드시 그 하비투스가 지향하는 목적에 의해 서술돼야만 하는 까닭에, 신학을 신학적 하비투스로 설명하려는 시도는 수

레를 말 앞에다가 두는 꼴과 마찬가지다. 물론 사랑은 "사랑하는 성향을 행사하는 것"이라고 말할 수 있다. 그러나 사랑을 이렇게 정의하는 것이 부적절하다는 사실이 즉각 분명해지는데, 그것은 "사랑하는 성향" 그 자체가 이 사랑의 성향을 지닌 사람이 행하거나 갖게 될 성향의 행위나 감정 등등에 의해서만 정의될 수 있기 때문이다("사랑하는 성향은 직접 사랑하는 행위를 해야지만 길러질 수 있다는 뜻이다" _옮긴이 주). 이와 마찬가지로 신학적 적성도 이 신학적 적성이 지향하는 행위에 의해서만 정의될 수 있다("신학적 적성이나 소양도 직접 신학하는 행위 때문에 길러질 수 있다는 뜻이다" _옮긴이 주).

활리는 테올로기아가 어떤 종류의 지혜와 이해인가를 보여 주는 한 가지 방법으로 '교회성'을 증진하는 것과 관련된 행위를 종종 언급한다는 점에서 이 문제점을 인식하고 있다. 다시 말해 기독교 전통을 해석하고, 기독교 전통의 진리를 확인하고, 그 전통을 현대 상황에 통합시키는 능력에 테올로기아가 있다고 본 것이다.[11] 활리는 계속해서 이 세 가지 행위—즉, 해석하고 확인하고 통합하는 행위—를 포함하는 사유의 변증법적 운동을 간략하게 기술한다. 그런데 바로 이 점에서 활리는 신학적 이해 그 자체를 "하나의 행위, 하나의 삶의 과정"으로서 그답지 않게 별 특징 없이 말하고 있다. 여기에서 활리가 분명히 염두에 둔 것은 테올로기아의 일차적 의미와 더불어 상실된 테올로기아의 전前근대적 개념의 이차적 의미로서 일찍이 그가

---

11 Farley, *Theologia*, 164. 여기에서 활리가 기술하고 있는 세 종류의 신학적 활동은 다음 장에서 서술하게 될 세 차원의 신학 탐구와 어느 정도 유사성을 갖는다.

기술했던 것, 즉 하비투스에 상응하는 행위인 "탐구하고 연구하는 훈련 행위"이다.[12] 활리의 의도는 이처럼 일원화된 신학에 대한 포스트모던적 대응책의 개요를 제시하려고 한 것 같다.

활리는 신학적 하비투스를 기술하고자 신학 행위를 언급하지만, 꼭 이렇게 해야만 하는 주된 함축적 의미를 —즉, 일차적 의미에서의 신학은 다름 아닌 신학하는 행위, 곧 탐구로서의 신학이라는 사실을 — 깨닫지 못한다. 여기에서 우선하는 것은 신학이라는 말의 '능동적' 의미다. 신학의 '주관적'이고 '객관적' 의미는 모두 다 이 능동적 의미로부터 논리적으로나 시간순으로 파생된다. 신학적 하비투스는 반드시 신학적 행위로 정의돼야만 할 뿐 아니라, 이와 같은 신학 행위에 참여할 때만 얻을 수 있다. 이 점이야말로 신학적 하비투스가 하나님이 부여하신 선물임을 강력히 주장한 게어하르트와 같은 신학자조차도 부인하지 않은 진실이다.[13] 이와 마찬가지로, 알려졌거나 믿어진 것으로서의 객관적 의미의 신학은 신학적 행위를 한 결과로서, 아니면 초보적인 것이든 좀 더 발전된 것이든 간에 어떤 탐구 과정이나 판단 과정에서 나온 결과로서 이해될 뿐이다. 이른바 신학의 주관적이거나 객관적 의미를 선택의 전부인 양 취급할 때, 진퇴양난의 덫에 빠지고 만다.

신학 교육의 참된 목적이 신학적 하비투스를 기르는 데 있다는

---

12 Farley, "Theology and Practice," 23-24; *Theologia*, 31-32.
13 활리가 이 관계성을 요약하고 있듯이(*Theologia*, 44), 이런 폭넓은 전통에서 "하비투스 일부는 초자연적 은총으로부터 유래하고, 다른 일부는 탐구 노력의 하나로서 유래한다"라고 주장한 학자들이 있었다. 그러나 이렇게 나누는 것에 대해서 게어하르트에게 적어도 어느 정도는 어려움이 있었을 것으로 추측할 수 있다.

활리의 주장은 —제대로만 이해한다면— 전적으로 옳다. 하지만 신학 탐구의 특성에 더욱더 충분한 주의를 기울일 때만 그 하비투스의 본질과 하비투스의 형성을 위해서 필요한 교육의 특성을 이해할 수 있다. 신학적 하비투스가 진실로 신학 탐구에 뛰어드는 능력과 성향이라고 가정한다면, —또한 신학 교육이 참으로 육성하려는 목적이 바로 이런 능력과 성향이라고 가정한다면— 신학 탐구가 어떤 내용을 포함하는지를 어느 정도 분명히 밝혀내는 것이 앞에서 가정한 두 가지 중에 어느 하나를 이해하기 위해서 꼭 필요하다고 볼 수 있다.

두 가지는 모두 진지한 '가정'이다. 하비투스 지향의 신학 전통과 비판적 신학 탐구 사이의 오랜 긴장은 —양자가 서로 효과적으로 연관되기 위해서 양자 모두를 재고할 필요가 있다는 사실과 더불어— 이미 지적됐다. 여기에는 반드시 해결해야만 할 수많은 문제가 산적해 있다. 이와 동시에 '신학 교육'이 진정으로 신학적 교육을 의미한다는 사실—즉, 신학 교육이 신학을 가르치고 배우는 일에 집중한다는 사실—을 누구나 다 인정한 것은 결코 아니었다. 신학 교육은 인습적으로 신학교로 불린 곳에서 하나의 커리큘럼에 속한 여러 가지 이질적인 과목들을 한데 모아놓은 것을 지칭하는 집합 용어로 여겨질 수 있으며, 흔히 이렇게 여겨진다. 아니면 신학 교육은 "목회 사역을 위한 교육"과 동의어로 간주될 수도 있다. 여기에서 다시 '신학적'이라는 형용사는, '신학'이라고 불린 어떤 것이 —한때는 이 교육 과정의 특출한 부분이었다는 사실을 제외하고서는— 이 교육 과정의 본질에 대해서는 아무것도 말해주는 것이 없다.

신학 탐구가 포함하는 것을 더욱 분명히 파악하는 것이 진정으로
신학 교육을 올바로 이해하는 데 관건이 되는가 하는 문제는 직접
따져봐야지만 알 수 있다. 따라서 3, 4장에서는 신학 탐구의 구조와
역동성을 설명하려고 한다. 5장에서는 이 설명의 빛에서 신학 교육
의 본질과 목적의 문제를 다룰 것이다.

3장

신학의 세 차원

To the critical question, "Is this witness truly Christian?", there corresponds the constructive question, "What is truly Christian witness?" To the question "Is this witness true?", there corresponds the question, "What is the truth of Christian witness?" And to "Is this witness fittingly enacted?" there corresponds "How is Christian witness fittingly enacted?"

하나의 탐구를 구성하는 것은 그 탐구가 다루는 주제만이 아니며, 단지 탐구가 그 주제에 제기하는 특정 질문도 아니다. 탐구는 어떤 자료와 관련해서 어떤 질문을 제기하도록 유도하는 목적에 따라서 구성된다. 기독교 신학 탐구의 종합 목적은 정확히 기독교 증언으로서의 이 증언의 타당성과 관련된 기준에 의해서 기독교 증언을 시험하는 데 있다. 신학이 기독교 증언에 제기하는 모든 특정 질문의 배후에 이 목적이 숨어 있는데, 이 질문 가운데 다수는 다른 탐구를 추구하는 과정에서도 제기되는 동일한 질문이다. 이 질문이 꼭 신학적 질문이 되게 하는 것은 (적어도 넓은 의미에서) 이 질문이 충족시키려는 목적이다. 이 질문을 신학적 질문으로 확인한다고 해도, 이 질문의 일부는 가령 철학적이거나 역사적 질문으로 정당하게 여겨질 수 있다. 신학이 다른 종류의 탐구도 함께 포괄하는 탐구라는 것은 엄연한 사실이다. 신학은 다른 탐구 안에 우연히 거처를 갖는 개별적 질문을 포함하지 않는다. 신학은 이런 탐구 자체를 통합한다. 다시 말해 역사적 탐구에 참여함으로써 신학적 과제의 한 특정 부분을 연구하고, 철학적 탐구에 참여함으로써 신학적 과제의 또 다른 특정

부분 등등을 연구하게 된다.

그렇다고 해서 신학은 단순히 이처럼 다양한 탐구들을 한데 모아 놓은 복합체는 아니다. 외려 신학 탐구는 신학 탐구의 각 차원과 총체성에 있어서 다른 탐구들—다른 탐구들 고유의 정체성과 온전성을 침해하지 않으면서—을 훨씬 더 큰 하나의 전체로 통합해내는데, 이 전체는 그 다른 탐구들의 특수 목적을 초월한다. 이제 어떻게 해서 그런가를 살펴봐야만 하겠다.

기독교 신학 탐구에는 세 종류의 주요한 질문이 포함돼 있다. 신학 탐구가 자신의 주제와 관련해서 제기하는 세 가지 주요 질문이 있는데, 이 질문 각자는 신학의 특수한 차원의 가장 중요한 질문이다. 신학의 목적은 기독교 증언이 기독교 증언으로서 —즉, 기독교 증언의 고유한 내적 기준에 따라서— 갖는 타당성을 검토하는 데 있으므로, 이처럼 가장 중요한 질문 각자는 그 증언의 특별히 공식적이고 구성적인 특징에서 비롯된 것으로 볼 수 있다. 이 중요한 질문 모두는 기독교 증언의 타당성에 대한 포괄적 탐구를 구성한다. 신학의 다양성과 통일성을 이런 식으로 이해하기 위해서는, 2장에서 약속했듯이, 기독교 증언의 개념을 좀 더 해명할 필요가 있고, 신학 탐구의 차원이 어떻게 이 기독교 증언의 특징과 일치하는지를 보여 줄 필요도 있다.

'기독교 증언'을 '기독교 전통'의 광범위한 의미와 대략 맞먹을 정도로 광범위한 의미로 사용한다는 사실을 2장에서 지적했다. '기독교 전통'의 '능동적' 의미—곧 기독교 증언을 전승하는 행위의 의미

—와 기독교 전통의 '수동적' 혹은 '객관적' 의미—곧 전승된 전통의 본질과 내용—를 구별할 수 있듯이, '증언'의 두 가지 의미, 곧 "증언을 수행하는 행위"와 "수행된 증언"을 구별할 수 있다. (증언에 상응하는 헬라어 명사 *maturia* 역시 이 두 의미를 드러낸다. 흔히 '증인證人'으로 번역되는 *Martus*는 "증언을 수행하는 사람"을 일컫는 데 비해, *marturia*는 "증언 행위"나 "증언 내용" 둘 가운데 하나를 지칭한다. 여기에서 우리는 주로 *marturia*에 관심을 둔다.)[1]

이 책에서 말하는 기독교 증언의 개념은 능동적 의미와 수동적 의미 모두를 포괄하는 동시에, 다른 두 가지 방식으로 범위가 넓다. 첫째로, '기독교 증언'(혹은 특정 '기독교 증언')을 하나의 규범적 개념으로 사용할 수도 있지만 —형용사 '기독교적'을 "진정으로 기독교적인" 어떤 것을 의미하는 규범적인 것으로 사용할 수 있는 것처럼— 본서는 이렇게 규범적 의미로 사용하지 않는다. 본서가 의도하는 기독교 증언은 자신을 기독교 증언으로 표현하는 것은 무엇이든지 간에 다 —혹은 그렇게 표현할 개연성이 있는 것은 무엇이든지 간에 다— 포함한다. (기독교 증언의 이런 용법은 또한 "기독교 전통"의 매우 광범위한 의미와 유사하다.) 둘째로, 기독교 증언은 그 특성상 말로 표현할 수도 있고, 표현할 수 없기도 하다. 기독교 증언은 가장 포괄적 의미로 기독교 교리와 교리의 보급뿐만 아니라, 교회가 교회로서 존재하고 행

---

1 초대 교회 시대에 이 용어들이나 용어들과 관련된 말들의 배경과 용법의 종합 연구를 보고자 한다면, H. Strathmann's account in the *Theological Dictionary of the New Testament*, vol. IV, ed. Gerhard Kittel, tr. Geoffrey W. Bromiley (Grand Rapids, MI: William B. Eerdmans Co., 1967), s.v. martus, ktl.를 보라.

하는 모든 것—그 모든 것이 "충성된 증인 예수 그리스도"(계 1:5)로부터 기독교인이 전해 받은 것과 기독교인으로서의 자신의 존재와 사명을 구성하는 것을 드러내고 뜻하는 한, 기독교인으로서 존재하고 행하는 모든 것—을 포함한다. 우리가 보통 '교회'로 생각하는 것 말고도, 병원과 학교, 정치 시위와 입법 통과 로비, 개인 생활 양식과 매우 다양한 기관, 행위들, 존재 방식들이 다양한 방법으로 기독교 증언을 구현할 수 있다. 신학은 기독교 증언을 구현하는 이 모든 것에 적절히 관심을 기울인다.

'증언', '전통', '교회', 다른 몇 가지 용어는 서로 공유하는 몇 가지 특징 때문에 신학 과제를 진술할 때 거의 비슷한 목적으로 사용된다. 이런 용어들 각지에는 경험직이고 규범석인 의미가 있다는 사실의 모호성에 편승할 경우, 다음과 같은 핵심 신학 질문들이 제기될 수 있다. 기독교 증언은 어느 정도까지 기독교 증언인가? 교회는 어느 때 교회가 되는가? 전통 안의 전통은 어디에 있는가? 기독교 신학은 기독교 공동체가 기독교 공동체로서의 자신의 존재와 행위와 관련해서 자신을 비판하는 것이다. 하지만 기독교 공동체가 기독교 증언과 몇 가지 기능적으로 유사한 것을 갖고 있다고 할지라도, 기독교 공동체의 존재와 행위를 가장 유연하고 포괄적으로 설명하는 유일한 용어가 바로 '기독교 증언'일 것이다. 게다가 기독교 증언은 신학 과제의 다양한 차원을 분석하는 일에도 도움을 준다.

신학 과제의 이런 차원 가운데 첫 번째 차원을 말한다면, 기독교 증언 개념의 이해를 돕는 형식적 특징 가운데 하나는 이 증언이 다름 아닌 "예수 그리스도에 대한 증언"이라는 사실이다. 기독교 증언은 단지 자신의 신념을 진술하는 문제에 그치지 않고, 신념을 말함으로써 진정으로 기독교적인 메시지를 표현하는 문제이기도 하다. 기독교 증언은 이처럼 진정으로 기독교적인 메시지를 진실하게 표현한다는 명시적이거나 암시적인 주장(인간의 한계성 등등을 인정하는 데, 제아무리 한계가 있다고 할지라도)을 반드시 포함하기 마련이다. 물론 이런 시도가 어느 정도 성공할 경우, 이 주장은 대략 정당화될 수 있다. 기독교 증언으로 제시된 것이 진정으로 기독교적 증언인 정도는 —즉, 이것이 표현하고자 의도한 것을 참으로 그렇게 진정으로 기독교적으로 표현하는지의 정도는— 이 증언을 하는 사람의 선의나 인기, 혹은 스스로 쉽게 내세우는 수많은 기준 그 어느 것에 의해서도 측정될 수 없다. 기독교 증언은 이 증언의 다음과 같이 어느 특별한 경우와 관련해서, 기독교 증언의 이 특징에 상응하는 비판적 질문을 추구하는 신학 탐구와 관계된다. 즉, 이 기독교 증언은 진실로 기독교적인가? 이 기독교 증언은 '기독교적'이라는 형용사를 진정으로 가질만한 자격이 있는가? 기독교 증언으로 주장된 모든 증언의 '기독교성'에 관한 질문이 이 책에서 제기하는 세 가지 주요 신학 질문 가운데 첫 번째다.

기독교 증언을 수행하는 사람은 단순히 자신의 신념을 말하는 것이 아니라고 할지라도, 그가 진술하는 것이 자신의 신념이라는 사실 때문에 두 번째 주요 질문이 유발된다. 증언하는 것은 무엇인가를 진리로서 표현하는 일, 즉 그것을 주장하고, 권고하고, 받아들일 만한 가치가 있는 것으로서 보증하는 일이다. 어떤 경우에는 이렇게 기독교 증언을 진리로서 표현하는 일이 노골적이든 그렇지 않든 간에, 기독교 증언을 진정으로 수행하는 모든 행위(가령, 기독교인이 믿는 것을 그냥 기술해서 설명하는 것과는 구별되는 것으로서의) 안에 적어도 암묵적으로 포함돼 있다. 기독교 증언의 개념에는 이와 같은 진리 주장이 있다. 기독교 증언 대상의 이 특징에 상응하는 비판적 신학 질문은 극히 당연하게 다음과 같은 질문을 포함한다. 이 증언은 정말로 진리인가? 이 증언은 어떤 진리 주장을 하며, 이 진리 주장을 어떻게 판단해야만 하는가? 이것이 신학 탐구의 두 번째 차원의 핵심 질문이다.

세 번째 주요 질문은 이미 "권고하는"이나 "보증하는" 등의 용어가 시사하는 기독교 증언 개념의 셋째 특징과 일치한다. 증언은 단지 그 자체를 '표현'하기 위한 것이 아니라, 하나의 메시지를 전달하기 위한 시도다. 기독교 증언의 한 사례의 타당성은 고유한 '기독교성'이나 그 증언 내용의 '진리'에 의해서만 판단될 수 없다. 왜냐하면 기독교 증언은 하나의 의사소통 행위로서 외부로 향하기 때문에, 그 증언이 일어나는 "상황에 대한 증언의 적합성"을 반드시 검토해야만 한다. 기독교 증언의 기독교적 '진정성'이나 증언의 '진리성', 혹은 기독교적 진정성이나 진리성 모두는, 그 증언을 증언으로서 타당하게 만들기에는 역부족이다. 하나의 증언이 실행되는 상황과 관련된 증언의 관계성을 고려하지 않고서, 그 증언의 기독교적 진정성이나 진리성 어느 한 쪽 차원과 관련해서만 그 증언 행위를 올바로 평가할 수 있는가 하는 문제는 확실히 의심스럽다. 그것은 하나의 말이나 행위의 의미는 그 말과 행위가 일어나는 상황을 고려하지 않고서는 충분히 밝혀질 수 없으므로 그렇다. 상황을 망각하는 화자語者는 고의가 아닐지라도 완전히 잘못된 길로 빠질 수 있다. 하나의 상황에서 하나의 메시지를 전달하는 행위는 이와 다른 상황에서는 전혀 달라질 수 있다. "전통과 함께 하는" 자유를 누림으로써, 또한 "전통으로부터" 자유롭게 됨으로써, 그 전통에 더욱 참되고 철저히 충성할 수 있는 것처럼, "전통"에 충실함으로써 —즉, 배신에 해당하는 행위인 옛 형식과 옛 상황의 기억을 고수한다는 의미로— 되려 전통에 불충할 수도 있다. 우리는 똑같은 것을 말함으로써 똑같은 것을 말할 수 없는 때도 있다. 다시 말해 똑같은 것을 말하려면 무엇인가 다르게 말해야만 할 때가 있다.

기독교 증언의 이런 특징에 대응할 때 신학이 제기해야만 하는 비판적 질문이 있다. 이 증언을 적절히 수행했는가? 이 증언은 증언을 수행한 상황에 알맞게 관계됐는가? 물론 하나의 증언 행위가 이 증언이 수행되는 상황에 적절히 관계된다는 의미는 그 상황만 연구한다고 결정될 문제는 아니다. 기독교 증언 그 자체의 내용과 의도는 어떻게 그 상황을 이해해야만 하고, 어떻게 그 증언을 적절히 전달해야만 하는가 하는 문제와도 어느 정도 관계가 있다. 다시 말해 이미 언급한 '진정성'과 '진리성'이라는 두 신학 질문이 지금 말하는 신학 탐구의 세 번째 차원—즉, 상황에의 '적합성'—을 어느 정도 언급하지 않고서는 대답될 수 없는 것처럼, 상황에의 적합성이라는 이 세 번째 주요 신학적 질문 역시 진정성과 진리성의 문제와 어느 정도 씨름해야만 한다. '진정성'과 '진리성', "상황에의 적합성"이라는 세 질문 가운데 어느 하나만을 다룬다고 할지라도, 이 셋 사이의 적절한 상호작용은 극히 중요하다.

　세 가지 주요 질문 모두는 신학을 어떤 주어진 증언의 표본이나 표본들에 대한 하나의 비판적이며 "제2차"적인 반성으로 지칭하는 데 적합한 형태로 처음에 서술됐다. 이 질문은, 이를테면 마르틴 루터의 설교나 어떤 교회 기관의 교리적 결정, 아니면 한 지역 교회의 사회 활동 프로그램 등에 대해서 신학이 말하려는 질문이다. 하지만 이 질문 각자는 또한 구성적으로 표현될 수도 있다. 이것은 다행한 일인데, 어떤 경우이든지 간에 이런 비판적 질문에 대답하고자 할 때 아주 일찍부터 구성적으로 표현해야 할 필요가 있기 때문이다. 비판적 반성과 구성적 반성은 서로 배치되지 않고, 패스모어가 말한 "비판-창조적 사유"가 시사하듯이 한 사유 과정의 상호 보완적 계기다. "이 [주어진 표본] 증언이 진정으로 기독교적인가?"라는 비판적 질문에 상응하는 구성적 질문

> ### 신학의 세 차원의 질문
>
> ① 진정성(authenticity):
> "이 증언은 **진정으로 기독교적인가?**"
> (Is this witness *authentically Christian?*)
> ② 진리성(truth):
> "이 증언은 **의미 있고 진리인가?**"
> (Is this witness *meaningful and true?*)
> ③ 적합성(fittingness):
> "이 증언은 증언이 수행되는 **특수 상황에 적합한가?**"(Is this witness *fitting to the specific situation* in which it is enacted?)

은 "진정으로 기독교적 증언은 무엇인가?"이다. "이 [주어진 표본] 증언이 진리인가?"라는 비판적 질문에 상응하는 구성적 질문은 "기독교 증언의 진리는 무엇인가?"이다. "이 [주어진 표본] 증언이 상황에 맞게 적절히 실행됐는가?"라는 비판적 질문에 상응하는 구성적 질문은 "어떻게 해야지만 기독교 증언이 적절히 실행되는가?"이다.

이렇게 구성적으로 표현된 질문 배후에 숨어 있는 의도는 그 질문 자체가 제시하는 것보다는 그리 대단치 않다. 다만 구성적으로 표현된 질문이 반드시 주의해야 할 점은 신학 탐구의 목적이 기독교 증언을 단 하나의 어떤 최종적이고 보편타당한 것으로서 서술하는 데 있다는 섣부른 인상을 심어주는 것이다. 구성적으로 표현된 질문의 공통점은 단지 판단이 기준들을 전제한다는 사실이다. 이전의 어떤 증언 사례의 타당성을 판단하든지, 아니면 미래의 행동 방침을 심의하든지 간에, 우리에게는 판단을 내릴 수 있는 기준들이 필요하다. 타당한 기독교 증언을 구성하는 것이 무엇인가를 모색하는 작업은 이처럼 비판-창조적으로 탐구할 때의 세 기본 차원 모두를 구성하는 요소다.

지금까지 살펴본 세 주요 질문에 따라서 기독교 신학의 세 기초 과목을 밝혀낼 수 있다. 넷째 과목은 이 세 과목이 어떤 관계성을 갖게 될 때 형성되지만, 다섯째 과목은 처음 네 과목에 완전히 속한다고 할지라도 기독교 증언의 "한 특수한 양상"(인간의 도덕적 행위에 관심을 두는 '윤리신학'을 말한다 _옮긴이 주)에 관심을 기울인다는 점에서 다른 과목들과 구별될 수 있다. 이렇게 구별한다고 해서 기독교 신학의 주과목과 하부 과목을 모조리 남김없이 열거하는 것은 아니겠지만, 이 다섯 과목을 설명함으로써 분명히 신학 전체에 대한 기본 오리엔테이션을 할 수는 있다. 지금부터 설명할 과목들이 귀에 익은 친숙한 이름들이고 기존 신학 과목들과 어느 정도 유사성을 갖는다고 할지라도, 매우 중대한 차이점도 있다는 사실을 지적해야만 하겠다. 이것은 기술적記述的 설명을 하려는 것은 아니다. 기술적 설명 대신에 하나의 제안proposal을 하려고 하는데, 이 제안의 가치는 이 제안이 다양한 과목의 현재 형태와 자기이해를 얼마나 잘 기술하느냐에 의해서가 아니라, 진정한 신학 탐구의 구조와 역동성을 얼마나 잘 표현하는가에 따라서 가장 잘 측정될 수 있다. 이 제안이 이런 작업에 성공하는 정도만큼, 현재 통용되는 신학 연구의 이해와 실제를 유익하게 수정할 수 있는 몇 가지 방법을 보여 줄 것이다. 신학 연구에 참여하는 사람이 자신의 노력과 관심을 필자가 제안하는 설명과 연관시킬 수 있고, 이 설명의 도움을 받아서 신학 연구 작업과 그 연구 작업의 특수한 측면을 보다 더 분명하고 보다 더 효과적으로 이해하게 된다면, 필자가 제안하는 이 설명은 그 주요 목적을 달성하게 될 것이다. 이 설명과 현재의 신학 연구의 과목적 구조 사이의 관계성에 관한 질문은 다음 장에서 다시 다룰 것이다.

앞에서 제기한 주요 질문 가운데 첫 번째 질문과 관련해서 구체화된 과목은 역사신학으로 부를 수 있다. 물론 역사신학은 다른 많은 연구 작업에도 부여돼온 이름이다. 역사신학이 교회사나 기독교사, 혹은 교리사나 신학사와 동의어로 사용된 적도 있었다. 역사신학을 이렇게 사용하다 보니 기독교의 과거를 연구할 때 그 본질에 어떤 신학적인 것이 있는 것처럼 오도될 수도 있다. 다른 한편으로 역사신학이라는 이름은 이 사실—즉, 역사 연구에 신학적인 것이 있다는 사실—을 노골적으로 확언하기 위해 선택된 적도 있었으며, 기독교 역사를 이해하기 위해서는 어떤 신학적인 부류의 방법론적 가정이나 원리가 필요하다는 사실에 근거해서 교회 역사에 관한 연구(적어도 교회 역사에 대한 적절한 연구)를 일반적이고 세속적인 역사 연구로부터 구별하기 위해서 선택된 적도 있었다. 역사신학이라는 이름은 "역사의 신학"—즉, 특수한 사건이나 양식樣式, 혹은 인류 역사 전체 등을 '구속사'의 맥락에서 해독하는 섭리론의 관점으로 역사를 해석하는 것—으로서 보다 더 적절히 명명되는 몇 가지 연구 작업에 적용된 적도 있었다. 역사신학이라는 이름을 이와 달리 사용한 적도 있는데, 예컨대 신학적 목적을 달성코자 특별히 기독교를 역사적으로 광범위하게 연구한 작업을 집합한 것을 지칭하고자 슐라이어마허가 역사신학이라는 용어를 개조해서 쓴 적도 있었다. 이처럼 역사신학이라는 이름의 다양한 의미를 고려할 때, 본서가 채택한 역사신학의 특수 용법을 명확히 진술하고 정당화시키는 것이 중요하다.

이 책에서 역사신학이라는 이름을 쓰는 이유는 이것이 기독교 증언의 '기독교성'—즉, 기독교 증언의 **규범적으로 기독교적인 것**에 대한 충실성—에 대한 신학적 문제를 추구하기 위해서 역사적 연구의 자료와 방법을 사용하기 때문이다. 역사신학은 기독교 증언을 **기독교적인 것**으로 만드는 것이 무엇인지를 알아내고자 기독교 전통을 연구하는 작업이다. 역사신학은 어떤 것의 '기독교성'을 어떤 기준에 따라서 판단하는가를 묻고, 이 기준을 어떻게 다양한 사례에 적용할 수 있는가를 물은 뒤, 적절한 판단과 제안을 지속적으로 만들어낸다. 앞에서 말한 두 질문 모두는 역사적 탐구를 포함한다. 첫째 질문은 역사적 자료가 적절한 기준을 제공하기 때문에 역사적 탐구를 포함하며, 둘째 질문은 이 질문이 그 본질이 역사적 연속성에 관한 —즉, 한 전통 내부의 여러 요소의 잠재적이고 실제적인 관계성에 관한— 질문인 까닭에 역사적 탐구를 포함한다.

교회의 삶과 메시지가 지니는 **기독교적 진정성**을 입증하기 위해서 교회는 자신의 과거에 있었던 이런저런 요소들—즉, '전통' 일반이나, 아니면 좀 더 특별하게 성서나, '신앙의 규칙', 혹은 '사도들의 증언' 등과 같은 요소들—에 언제나 호소(의존)할 수밖에 없었다는 점에서, 역사적 자료가 적절한 기준을 제공한다는 사실이 드러난다. 교회는 자신이 전수傳受받은 것을 신실하게 전수傳授해야 할 의무가 있다고 항상 스스로를 이해해 왔다. 교회는 또한 자신이 물려받은 유산에 존재할지도 모르는 일체의 왜곡된 것이나 쓸데없이 첨가된 것으로부터 참된 전통을 식별해내고자 역사적으로 중개돼 온 것을 비판적으로 가려내야 할 필요성을 대체로 인식해 왔다. 이처럼 역사적 자료에 기대는(호소하는) 것은, 이것을 어떤 식으로 표현하든지 간에, 기독교 증언이 궁극적으로 표현하려는 것의 역사성을 고려할 때 불가피한 일인데, 바로 이 역사성에 의해서 예수 그리스도가 궁극적으로 규범화된다.

역사신학은 역사에 대한 이와 같은 의존성(호소)을 반성하며, 역사에 의존할 때 생기는 다음과 같은 질문을 분명히 밝혀낸다. 첫째로, 기독교 증언의 진정성이나 대표성, 기독교 증언의 예수 그리스도에 대한 충실성을 시험하는 데 과거의 어떤 요소를 가장 적절한 기준이나 기준들로 쓸 수 있는가? 둘째로, 어느 때에 어떤 증언 사례가 이렇게 해서 밝혀진 기준이나 기준들과 "일치한다고" 당연히 말할 수 있는가? 기독교 전통이 점차 다양하게 증가하는 추세를 놓고볼 때, 기독교 전통의 '기독교성'을 실제로 어떻게 이해하고 평가해야만 하는가? 역사신학은 기독교 증언의 정체성, 연속성, 통일성, 대표성의 문제에 대해서 당대인當代人이 더 반성을 잘 할 수 있도록 기독교의 과거를 조사하는 연구다.

대부분의 기독교 역사를 통틀어 이런 질문과 문제를 다루는 데성서가 차지하는 두드러진 역할 때문에, 이 질문과 문제를 다루기에 적절한 과목은 '역사신학'이 아니라 '성서신학'이라고 생각한 적이 있었다('성서신학'이라는 이름은 신학 연구의 한 분야나 분과라기보다는, 경건주의 초기에서 20세기 중반에 이르기까지 개신교 신학 내의 한 특수한 운동이나 이와 비슷한 유사 운동과 흔히 결부됐다. 하지만 본서에서 성서신학은 신학 연구의 한 분야나 분과의 의미로 사용된다. 성서신학의 범위나 역할을 좀 더 소박하게 생각한 사람들도 있었지만, 성서신학을 특별한 운동으로 지지한 이들 가운데 일부는 성서신학이 신학 연구의 전통적인 작업 전체나 대부분을 완전히 대체한다고 생각했기 때문에, 이렇게 구별하는 것이 전적으로 명확한 것은 아니었다). 예전에 개신교가 신학 연구를 사중양식으로 기획했을 때, 역사 연구는 교회 증언의 신실성에 대한 관심과 확실히 관련이 없는 것은 아니었지만, 규범적인 것을 찾는 연구 작업은 그 주제나 방법에 있어서 역사신학과는 근본적으로 다른 성서신학에서 다뤄졌다. 근본적으로 '역사신학'과 '성서신학' 양자로 구분한 것이 미심쩍다는 사실이 지난 수년간에 걸쳐서 더욱 분명해졌지만, 성서신학 분과를 역사신학 분과에서 독립시킨 것은 대체로 그대로 지속해 왔다. 이와 더불어 성서신학이 "규범적으로 기독교적인 것"이 무엇인가 하는 문제를 연구하기 위해 적절한 장場/ locus이라는 가정 또한 유지됐다. 하지만 이런 통례에서 벗어나 성서신학적 연구를 본서에서 '역사신학'으로 부르는 분과에 포함해야 할 적어도 세 가지 충분한 이유가 있다.

첫째로 매우 분명하게, '성서신학'을 따로 분리한다는 개념은 쟁점이 되는 근본 질문 가운데 한 가지에 대한 대답을 전제하는 것처럼 보인다. 이 대답은 '성서'야말로 기독교 증언의 대표성을 판단하는 기준이라고 가정한다. 그러나 역사신학이 수행하는 과제 가운데 하나는 정확히 이런 일반 가정을 검토하는 데 있다. 교회가 대개 이렇게 검토하는 지위와 기능(적어도 원론적으로)을 성서에 부여했다는 사실은 명백하다. 교회가 이 지위와 기능을 정당하게 성서에 부여했다는 주장이나, 이 점과 관련해서 교회가 이전에 내린 결정—그 결정이 내려진 시대에는 제아무리 정당화될 수 있다고 할지라도—을 현재에도 동의할 수 있고 또 동의해야 마땅하다는 주장은 언제나 의심의 여지가 있다. 역사신학은 바로 이런 질문을 제기하고 연구한다.

역사신학은 당연히 성서와 성서의 사용법을 연구하며, 성서의 권위, 해석, 기능과 관련된 주장에 대해서도 연구한다. 그러나 역사신학은 진정으로 기독교적인 증언의 기준을 찾아내고, 이 기준을 적용할 실마리를 찾아내는 보다 더 넓은 맥락 안에서 이처럼 성서와 관련된 연구를 한다. 역사신학은 정경正經 문제를 기정사실로 하지 않는다.

둘째로, 역사신학은 '성서신학'이라는 용어가 첫 번째 기본 질문—즉, '기독교성'을 가려내기 위한 모든 기준을 적용하는 신학적 탐구에 속한 것으로 밝혀진 질문—을 추구하는 범위보다 훨씬 더 폭이 넓다. 하나의 증언 행위가 일체의 규범적인 것과 일치하는 것은 언제인가?(예컨대, '성서'가 진정성을 가리는 기준이라는 사실을 인정할 경우, 어떤 것을 "성서적으로" 말하고 행동할 때가 언제인지를 어떻게 말할 수 있는가 하는 문제가 남는다. 성서를 명시적으로 언급하지 않았다고 해서 증언이 '비성서적인 것'이 아닌 것처럼, 성서를 인용만 한다고 해서 성서적으로 증언한다는 사실이 저절로 보증되는 것은 아니다. 우리가 단순한 기술技術을 갈망한다고 해서, 사정이 꼭 그렇게 단순해지는 경우는 드물다). 기독교 역사는 여러 가지가 있겠지만, 생각으로나 실제로나, 이런 질문을 다루는 시도를 기록하는 것이다. 기독교 역사는 기독교적 삶과 증언을 "기독교적으로" —즉, 기독교적 기준이 어떤 것이든지 간에 이 기준에 관해 적절한 관심을 두고— 수행한다는 제안들을 방대하고 흔히 갈피를 못 잡을 정도로 한데 종합해놓은 것으로서 읽을 수 있다. 하지만 도대체 적절한 관심이란 무엇인가? 기독교적인 것의 기준에 대해 대충 합의가 있었다고 할지라도, 이 기준을 적용하는 데에는 큰 견해 차이가 있었다. 서로 처한 상황이 다르므로 엄청나게 다양한 형태의 기독교가 생겨났는데, 이와 같은 기독교의 다양한 형태 사이의 상호관계나 이 다양한 형태의 기독교가 의거하는 공통 자료에 대한 관계성은 흔히 분간해내거나 설명하기가 힘들다. 이렇게 기독교적으로 되는 방법을 연구하고, 이 방법이 구현하는 기독교를 해석하는 방법을 연구하는 것이 역사신학의 과제다. 역사신학은 상황과 유리된 채 '기독교적 진정성'의 기준만 밝혀내거나 해석하지 않는다. 역사신학은 이 기준을 채용해 온 방법을 숙고하며, 기독교 증언이 "참으로 기독교적인 것"이 될 때가 언제인지에 대한 질문을 모든 차원에서 강구하기 위해 기독교 증언의 역사적 특수성과 다양성이 제기하는 모든 문제를 심사숙고한다.

'역사신학'이라는 용어를 선호하는 세 번째 이유는 이렇다. 역사신학은 기본적으로 신학 탐구의 역사적 차원에 대해서 **방법론적 방향정위**를 해주기 때문이다. 역사신학은 역사적 연구에 근거한다. 역사신학은 방법론적 절차와 주장에 있어서 일반적으로 역사 비판적 연구의 기준에 책임이 있다. 역사신학은 역사를 연구하는 학과목 가운데 자신의 대화 상대를 찾는다. 역사신학은 역사학 분야의 여하한 사상 운동이 역사신학의 주제나 관심과 연관됐을 경우, 이 운동에 반드시 주의를 기울여야 하며, 인간의 과거를 연구하고 해석하는 역사학자의 공통 관심사인 사료 편찬과 해석학의 문제에도 주의를 기울여야만 한다. 요약하면, 역사신학은 자신의 신학적 과제를 **역사적으로** 추구한다. 역사신학과 달리 '성서신학'은 이 용어가 어떤 종류의 연구를 일컫는지에 대해서 확실한 것을 말해주지 않는다. 성서신학은 가끔 역사 비판적 탐구나 다른 세속 과목에서 성서 연구를 따로분리하려고 의도적으로 사용된 적도 있다. 성서신학을 의도적으로분리하지 않았을 때도, 굳이 이 용어를 사용함으로써 성서신학 과목이 갖는 특성과 책임에 관한 질문이 자연스레 제기됐다. '성서 연구'가 역사신학에서 단연 독보적 위치를 차지하는 것은 사실이지만, 이독보적 위치 때문에 역사신학이 역사적이면서 신학적인 연구로서의자신의 정체성과 이 정체성과 자신의 고유한 상황이 갖는 관계성을모호하게 만드는 '성서신학'이라는 명칭을 부여할 수는 없는 노릇이다.

이 모든 사실은 역사 비판적 학문성이 제공하는 연구 방법이나도구 이외의 다른 방법이나 도구를 동원해서 성경에 —혹은 성경을구성하는 본문이나 성경 이후의 기독교 전통에— 접근하는 것이 적절하고 효과적이라는 사실을 부인하지 않는다. 성서의 규범적 중요성을 이해하기 위해서는 다양한 방법으로 성서 본문을 다뤄야만 하고, "비판 연구가 도래하기 이전의" 성서 주석과 현대 문학 이론에이르기까지 광범위한 자료에서 파생된 원리 역시 이런 이해를 도울수 있다. 일부 학자들이 제안한 것처럼, 성서가 기독교 증언에 규범적인 영향을 미친다는 사실을 깨닫는다면, 성서는 역사 자료를 한데모아놓은 것이 아니라, 파격적 소설이나 시, 일련의 신탁神託을 모아놓은 것으로 볼 필요도 있을 것이다. 역사 연구와 결부된 통상적인독해 방법이나 분석 방식과는 색다른 독해 방법과 분석 방식을 적용할 경우, 기독교 전통의 다른 부분과 요소도 앞에서 말한 것과 유사한 방식으로 해명될 수 있다. 이런 전략들은 역사신학 본연의 특성을 훼손시키지 않고 쉽게 역사신학 안에 통합될 수 있다. 17세기의 영국 문학을 역사적으로 연구하기 위해서 문학적 이해의 몇 가지 양식을 반드시 통달해야만 하는 것처럼, 아니면 경제사를 연구하기 위해서 어느 정도의 경제학 이론을 파악해야만 하는 것처럼, 역사신학을 위해서 다양한 해석학적 기술과 능력이 필요할 것이다. 어떤 경우든지 간에 이런 대안들을 선택하고 사용하는 일은 역사적 탐구의 목적에 따라서 결정된다.

본서에서 제기하는 두 번째 주요 신학적 질문, 즉 기독교 증언의 진리성 문제는 **철학적 신학**으로 부르는 둘째 과목의 초점이다. '역사신학'과 마찬가지로 철학적 신학 역시 다양한 관심사에 적용돼왔으며, 흔히 '종교 철학'이나 '자연 신학'과 동의어로 사용돼왔다. 슐라이어마허의 경우처럼 철학적 신학은 간혹 기독교 신학의 한 구성 요소에 적용된 적도 있지만, 훨씬 더 자주 어떤 특정 종교 전통에 얽매이지 않는 독자적 탐구를 대표해 왔다. 철학적 신학이라는 용어를 기독교 신학의 한 기본 과목으로 지정하기 위해서 사용할 때 어떤 의도로 그리하는지를 보여 주는 것이 중요하다.

역사신학은 그 주요 방법이 역사적 연구 방법인 까닭에 '역사신학'이란 이름을 얻은 것처럼, 철학적 신학에서 '철학적'이라는 형용사 역시 철학적 신학 탐구 분과의 방법론적 방향성을 드러낸다. 역사신학이 기독교 증언을 역사적으로 연구하는 것을 말하는 또 하나의 별칭이 아니라, 신학적 목적을 위해서 역사 연구 방법을 활용하는 것과 마찬가지로, 철학적 신학 역시 기독교 증언의 철학적 연구만이 다가 아니다. 만일 철학적 신학이 단순히 기독교 증언에 관한 철학적 연구에 불과하다면, 철학적 신학은 일반적으로 종교에 관한 철학적 연구 안에서 자신의 적절한 자리를 찾아야 할 것이다. 하지만 철학적 신학에서 이런 철학적 연구는 어디까지나 신학적 사용을 위해서 주어진 것이다.

인간의 제반 행위에 대한 철학적 연구는 이 행위의 '논리'를 제시하는 데 ―즉, 이 행위를 이해하고 비판하는 것과 연관된 원리를 발견해내는 데― 그 목적이 있다. 인간은 자신이 행하는 것에 대해서 말하는 경향이 있고, 말은 흔히 행위에 직접 포함돼 있으므로, 철학적 연구는 문제가 되는 행위와 관련해서 의미 있고 적절하게 생각하고 말하기 위한 조건을 확실히 밝혀내고자 적절한 담론 체계를 받아들이는 것을 일반적으로 포함한다. 기독교 증언의 철학적 연구가 종교 철학의 한 지류支流로 수행되든지, 아니면 (기독교 신학에서와 같이) 다른 분과의 후원 아래 수행되든지 간에, 이 증언이 제기하는 진리 주장을 비롯해서 기독교 증언의 담론과 행위에 포함된 의미의 종류를 발견해내고 보여 주는 데 기독교 증언의 철학적 연구의 목적이 있다.

어느 정도는 철학의 광대한 범위 때문에, 어떤 주어진 담론의 영역에서 의미와 진리를 가려내기 위한 기준을 결정하는 것을 넘어서 이 담론에서 말한 것의 의미와 진리에 대해서 실제적 판단을 내리는 데까지 나아가는 것은 철학적 탐구와 관련이 없다. 이런 판단은 철학적 판단이라고 할 수 없고, 가령 과학적이거나 역사적, 혹은 심미적 판단이라고 말해야 옳을 것이다. 이런 식으로 설명한다면, 철학의 과제는 주어진 분야에서 이 판단이 포함하는 것을 밝혀내는 데 있지만, 이 판단을 내리는 것은 어디까지나 이 담론의 원칙을 그와 같이 밝혀낸, 담론을 사용하는 사람이 해야 할 몫이다(물론 과학 철학자가 과학적 판단을 내리지 못하도록 가로막는 것은 없다. 하지만 과학적 판단을 내릴 때 그 사람은 더 이상 철학자가 아닌 과학자의 기능을 수행한다). 이처럼 철학의 범위를 제한하는 것은 보편적으로 인정된 것이 아니다. 철학에서 보편적으로 인정된 것은 거의 없다. 더욱이 철학의 범위를 제한하는 것이 모종某種의 우아하고 매력적인 구석이 있어 보이고, 어떤 경우에는 설득력도 있어 보이지만, 철학의 범위를 제한함으로써 강요된 범주화를 끈덕지게 거부하는 몇 가지 형태의 담론(이른바 존재론적 신존재 증명에서와 같이 '하나님'이라는 말이 현저히 나타나는 담론의 형태를 포함해서)이 있다. 하지만 철학 그 자체에 대한 견해가 어떠하든지 간에, 철학적 신학은 판단을 내리기 위한 기준이나 절차를 밝혀내는 작업을 넘어서 기독교 증언의 의미와 진리에 대해 실제적인 판단을 만들어내는 작업까지 나아간다는 사실은 의심의 여지가 없다. 철학적 신학은 비판 신학적 질문, 즉 이 증언이 진리인가 하는 문제를 다루고자 철학적 탐구의 자원을 사용한다.

철학을 접근하는 방법이 다양하다는 사실과 기독교 증언 역시 복잡다단하다는 사실 때문에, 철학적 신학은 다층적 작업이 된다. 철학적 신학을 기본 신학 과목들 가운데 하나로 본다고 해서, 이 철학적 신학을 하기 위한 어떤 특별한 전략이 있다는 것은 아니다. 그렇다고 해서 터툴리안Tertulian(160~225)이 간결하게 표현한 질문, "아테네가 예루살렘과 도대체 무슨 상관이 있는가?"와 같이 계속해서 진지하게 반복되는 질문을 묵살하려는 것도 아니다. 이것은 또한 '자연신학'(자연 신학이 무엇을 의미하든지 간에)을 옹호하려는 것도 아니고, 그렇다고 해서 자연 신학을 폐기하려는 것도 아니다. 다시 말해 철학적 신학을 이와 같은 의미로 사용할 경우, 철학적 신학자는 하나님에 대한 '자연적' 지식의 가능성 문제와 관련해서 토마스 아퀴나스Thomas Aquinas(1225~1274)나 찰스 하트숀Charles Hartshorne(1897~2000)보다는 외려 칼 바르트에 더욱 가까울 것이다. 이 모든 문제는 철학적 신학이 반드시 취급해야만 할 문제다. '철학적 신학'의 근거가 아무리 확실하다고 할지라도, '철학적 신학'이라는 이름조차 필수불가결한 것은 아니다. 철학적 신학이 대표하는 과제는 가끔 다른 이름 아래 ―예컨대, 조직신학이나 교의신학이라는 이름 아래― 다뤄졌는데, 특히 '철학'이라는 이름으로 통용된 것이 이런저런 이유로 신학적으로 의심스러워졌을 때 그랬다. 신학적으로 필수불가결한 것은 철학적 신학이 수행하는 그 행위, 즉 철학적 신학은 기독교 증언의 진리 물음에 세심하고 비판적인 주의를 기울이는 과목이라는 사실뿐이다.

기독교 증언을 적절히 실행에 옮기는 문제는 세 번째 기본 신학 과목, 즉 전통적으로 실천신학이라는 이름으로 부르는 과목의 가장 중요한 문제다.

'실천신학'이라는 이름에는 몇 가지 약점이 있다. 이 이름은 앞에서 말한 역사신학이나 철학적 신학과는 달리, 이 이름이 수반하는 탐구의 종류가 어떤 것인지를, 또한 실천신학이 주로 관계하는 비신학 과목들이 어떤 것인지를 명확히 보여 주지 않는다(우리는 '역사적 탐구'와 '철학적 탐구'가 어떤 것인지를 밝혀낼 수 있고, 이 탐구들이 역사신학과 철학적 신학에 어떤 영향을 미치는지를 알 수 있다. 하지만 '실천적 탐구'는 역사적 탐구나 철학적 탐구와 동일한 종류의 연상작용^{聯想作用}을 불러일으키지 않는다). 불행히도 우리가 이론-실천의 이분법에 습관적으로 길들어있기 때문에, 다른 과목들이 '이론'에만 관심을 쏟아야 하는 것과 달리, 실천신학은 오로지 '실천'에만 관심을 기울이는 분과라고 생각할 때도 있다. 이런 식으로 분류하는 것은 점점 더 명백히 문제시되고 있다. 지금까지 다룬 신학 과목들은 몇 가지 중요한 점에서 **실천적**이다. 예컨대, 이 과목들은 어떤 능력을 습득하고 활용하는 것(혹은 실천하는 것)을 포함하며, 대개 좀 더 실천을 잘 할 수 있게 하려는 실천적 목적하에서 증언의 실천을 반성한다. 실천신학을 포함해서 역사신학과 철학적 신학은 모두 이론적이다. 다시 말해 이 과목들은 효과적으로 각자의 과제를 수행하기 위해서 그 과목들의 통일성과 복잡성에 있어서 **이론**을 —즉, 기독교 증언과 신학적 과제에 대해서 '종합적 전망'을— 필요로 한다. 미래의 신학에서 이론-실천의 이분법이 어떤 운명을 맞든지 간에, 적어도 신학 연구를 '이론적인 것'과 '실천적인 것'으로 너무 안이하게 분리한 것은 명백히 심각한 실수다. 이 문제는 다음 장에서 다시 다룰 것이다.

'실천신학'이라는 이름에 익숙해졌다는 사실 이외에 이 용어를 사용하는 주된 정당성은 다음과 같은 것이어야만 한다. 즉, 실천신학은 기독교 증언이 하나의 실천이며, 의도적 목적을 가진 행위라는 사실에 주의를 환기시킨다는 사실이다. 실천신학은 또한 실천신학이라는 이름을 갖는 과목의 독특한 관심이 기독교 증언이 실천이며 행위라는 사실에 있음을 확인해준다는 점이다. 실천신학은 기독교 증언을 증언의 실천으로서, 즉 기독교 증언의 시행施行과 관련해서 검토한다. 실천신학은 어떤 기준을 갖고 이 실천을 판단해야만 하는가를 묻고, 이 실천의 과거, 현재, 미래의 사례에 대해서 적절한 판단들을 만들어내는 작업으로 나아간다.

기독교인과 기독교 공동체가 행동할 때, 또한 기독교인으로서 기독교 공동체로서 존재할 때, 기독교 증언이 발생한다. 기독교 증언은 양면적인데, 공식적인 동시에 비공식적이고, 형식적인 동시에 비형식적이고, 명시적인 동시에 암시적이고, 언어적인 동시에 비언어적이다. 교회 건물의 현존, 설계, 비용, 교회 주변의 이웃 사람들과의 관계에 의해서뿐만 아니라, 교회에서 행해지는 설교와 예전禮典에 의해서도 기독교 증언이 이뤄진다. 또한 기독교인들이 사용하는 시간과 돈, 기독교인들의 정치 참여에 의해서, 또한 어떤 일이 닥칠 때 어떻게 대응하는가로, 어떤 확언을 하는가에 의해서도 기독교 증언은 이뤄진다. 말로 하는 증언 그 자체는 하나의 실천 행위로서 가장 잘 이해된다. 말하는 것(혹은 글을 쓰는 것)은 하나의 행위인데, 단지 그 내용만으로 적절히 평가될 수 없다. 실천신학은 여러 가지에 관심을 쏟겠지만, 기독교적 언어의 실행, 혹은 철학자 오스틴[J. L. Austin] (1911~1960)의 말을 빌리면 "언어-행위"로서의 말로 하는 증언에 관심을 기울인다.

디트리히 본회퍼[Dietrich Bonhoeffer](1906~1945)는 그의 책 『윤리학[Ethics]』에서 "'진리를 말한다'는 것이 무엇을 의미하는가?"라는 제목이 붙은 미완성의 장(章)에서 진실하게 말하는 행위를 매우 탁월한 혜안으로 분석했다. 요컨대, 본회퍼의 주장은 다음과 같다. "내가 진리를 말하는 방법은, ① 내가 말하게 한 사람이 누구인지를, 내가 말할 수 있는 자격을 부여한 것이 무엇인지를 인식함으로써, ② 내가 서 있는 자리를 인식함으로써, ③ 내가 하는 주장의 대상에 이 상황을 연관시킴으로써, 나는 진리를 말할 수 있다."[2] "누가 내가 말하게 만들고, 무엇이 나에게 말할 자격을 부여하는가를 인식하는" 과제가 ―으레 그렇게 보이듯이― 이 책에서 말하는 역사신학과 철학적 신학에 속한다고 한다면, 실천신학의 특수 과제는 기독교 증언을 하는 사람이 자기가 서 있는 삶의 자리를 인식하게 만들고, 그가 하는 증언을 그 증언의 상황과 연관시키도록 하는 데 있다고 분명히 말할 수 있다. 실천신학은 기독교 증언의 내용과 목적이 증언의 상황과 갖게 되는 관계성을 탐구하기 위해서 인간의 문화와 행위를 이해하는 데 주력하는 과목들―심리학, 사회학, 인간학, 역사학, 또한 여기서 파생되는 다양한 과목들―이 제공하는 다양한 자료를 활용한다. 실천신학은 또

---

2 Dietrich Bonhoeffer, *Ethics*, ed. Eberhard Bethge, tr. Neville Horton Smith (London: Fontana Library, 1964), 370.

한 역사신학과 철학적 신학의 도움을 받아서 기독교 증언을 형성하는 데 미치는 사회문화적 영향력뿐만 아니라, 이 증언의 수용과 결과에 대한 영향력을 연구하고, 기독교 증언이 주어진 상황에서 어떻게 하면 가장 적절히 수행될 수 있는가를 연구한다.

실천신학은 흔히 '목회 신학'과 동일시됐지만, 목회 신학과는 다른 과목이다. 목회 신학은 실천신학 이상의 것과 이하의 것을 동시에 포함한다. 한편으로 목회 신학은 교회에서 '목사'의 직분이나 기능에 관한 신학 탐구로서, 목회 지도력과 관련된 기독교 증언에 적절할 뿐 아니라 지도력을 행사하는 이들에게 유익한 목회직이나 목회 기능을 설명할 때, 신학 탐구의 실천적 차원뿐만 아니라 역사적이고 철학적인 차원까지도 끌어들인다. 다른 한편으로 목회 신학은 특히 목회 사역에 초점을 집중하기 때문에 실천신학 과목이 반드시 가져야만 할 폭넓은 범위를 갖지는 못한다. 이에 반해 실천신학은 목회 사역에만 관심이 있는 것도 아니고, 그렇다고 해서 편협한 의미의 '교회 지도력'에만 관심이 있는 것도 아니다. 실천신학은 기독교 증언 전체를 실행에 옮기는 것, 다시 말해 증언 공동체로서의 교회 생활과 행위 전체에 관심을 기울인다.

미국 신학 대학에서의 '실천신학'이 설교, 행정, 예배 인도, 목회적 돌봄 등등과 같이 특수한 목회 의무에 관심을 쏟는 다양한 전문 과목들을 가리키는 집합 용어로서 단순한 기능을 하는 것이 다반사인 까닭에, 이 점을 분명히 하는 것이 좋을 것이다(실천신학 연구 분야가 종교 교육과 같은 비목회적 지도력과 관련된 영역을 포함할 때조차도 흔히 목회적 패러다임 주변으로 구성되기 일쑤다). 실천신학을 목회적 기능과 연관시킬 때 이중의 위험성이 있다. 첫째로, 목회 사역의 이리저리 다양하게 분리된 영역이나 의무에 주의를 집중함으로써 목회 사역 전체에 대해서 반성하지 못하도록 가로막는 경향이 있다. 그 결과 흔히 어떤 특수한 '목회 이해'나 '목회 기술'을 어지간히 무비판적으로 전용^{轉用}하게 되며, 이 이해나 기술을 일관성 있게 실천할 때 서로가 연관돼 있다는 사실과 이 이해나 기술을 정기적으로 재평가하는 과정의 필요성을 거의 인식하지 못하게 된다. 이런 의미에서 '실천신학'은 자신의 목회적 방향성에도 불구하고 목회적 신학이기를 중단한다.

둘째로, 실천신학을 목회적 기능과 연계시킬 때 '성직권주의'—즉, 기독교 증언을 성직자의 권위적 행위와 동일시하고, 기독교 사역을 성직 안수를 받은 성직자의 사역이나 전문 사역과 동일시하는 위험성—를 조장하는 경향이 있다. 좀 더 광범위하게 말해서, 실천신학을 목회 기능과 연계시키는 것은 일종의 '제도권주의'—즉, 교회의 예배나 젊은이들을 사회화시키는 것, 새 신자 모집 등등과 함께, 교회로 알려진 종교 기관을 유지하는 것과 기독교 증언을 동일한 것으로 여기는 현상—를 조장한다. 설교나 교육, 교인을 돌보는 일 등등을 성직자만의 책임이 아닌, 회중의 사건이나 행위로 이해할 때도, 실천신학이 이처럼 다양한 제도지향적 기능에 의해 지배되는 한, 제도권주의는 극복하기 어렵다. 그런데도 목회 행위나 제도 유지가 기독교 증언의 한 축을 이룬다는 사실은 분명하다. 하지만 목회 행위나 제도 유지의 역할은 그 본질이 교회가 이 세상에서 증언 공동체가 되게 하는 데 있다. 실천신학은 기독교 증언의 적절한 범위에 대한 안목을 망각할 때 타락한다. 모든 기독교인의 일반 사역은 말할 것도 없고, 전통적으로 목회지향의 설교학이나 예배학 등등의 하부 목회 전문 과목들이 목회 사역 자체의 요구를 적절히 충족시키고자 한다면, 이 하부 전문 과목들은 반드시 이 세상에서 증언하는 공동체의 사역을 탐색하도록 마련된 다른 하부 분과목들에 의해서 보완돼야만 한다. 기독교 증언의 과제에 대한 비전을 품고, 이 비전을 이 증언이 수행되는 특수 상황에 대한 이해와 연결하려는, 종합적인 공동의 노력으로 만사가 영향을 받아야만 되고, 또한 이 노력으로 시정돼야만 한다.

역사신학은 기독교 증언의 '역사'에 대한 연구 그 이상이다. 철학적 신학은 기독교 증언의 '논리'에 대한 연구 그 이상이다. 실천신학은 기독교 증언의 '실천'에 대한 연구 그 이상이다. 이 세 신학은 기독교 증언의 타당성에 대해 각자의 독특한 질문을 제기하는 비판적 탐구다. 이 세 신학은 각기 자신의 과제를 수행하는 데 적절한 판단 기준과 절차를 찾아내야만 한다. 세 신학은 각각 자신의 연구 방법의 틀을 세울 때 다른 두 과목을 자신의 기반으로 삼을 뿐 아니라, 동계 同系 비신학 과목들의 연구 방법과 결과에도 의존한다.

신학 탐구의 세 차원이 이렇게 구별되고, 이에 따라 세 기본 신학 과목이 밝혀졌지만, 이 세 신학의 구별이 결코 깔끔한 구별이 아니라는 사실은 분명하다. 그런데도 세 가지 독특한 질문이 있다는 것은

찰스 우드가 제안하는 오중신학 유형		
① 역사신학 (historical theology)	→	"기독교적 진정성"(Christian authenticity) 혹은 "진정한 기독교성"(authentic Christianness)
② 철학적 신학 (philosophical theology)	→	"의미와 진리"(meaning and truth), "가해성"(intelligibility)
③ 실천신학 (practical theology)	→	"상황에의 적합성"(fittingness or aptness to a situation)
④ 조직신학 (systematic theology)	→	"세 신학 탐구를 종합적이고 구성적으로 통합" (integration of three inquiries in comprehensive and constructive ways)
⑤ 윤리신학 (moral theology)	→	"인간의 (도덕적) 행위에 대한 기독교 증언의 타당성에 대한 비판적 탐구"(a critical inquiry into the validity of Christian witness concerning human conduct)

분명하다. 이 세 질문 가운데 어느 하나의 질문을 추구할 때, 다른 두 질문에 관심을 두지 않을 수도 있다. 더욱이 어떤 증언의 특별한 표본과 관련해서 볼 때, 이 세 질문 가운데 어느 하나의 비판적 형태의 질문에 긍정적 대답을 한다고 해서, 원칙적으로 다른 두 질문에 대해서도 긍정적으로 대답하는 것은 아니다. 다시 말해 주어진 표본 진술이 진정으로 기독교적이고 진리이지만, 그 진술과 관련된 주변 상황에는 적합하지 않다고 결론을 내릴 수 있다. 아니면, 진리이지만

기독교 메시지를 표현하지는 (혹은 적절히 표현하지는) 않는다고 결론을 내릴 수도 있다. 그도 아니면, 이 진술의 사실적 가정이 옳을 때만, 이 진술이 그 메시지를 표현한다고 결론을 내릴 수도 있을 것이다. 하지만 이미 살펴본 것처럼, 다른 두 탐구에 관심을 두지 않은 채 세 탐구 가운데 어느 한 탐구를 추구할 수 있지만, 적어도 다른 두 탐구의 어떤 측면에 관여하지 않고서 셋 중의 하나를 추구할 수는 없다. 이런 말이나 저런 행위의 의미나 진리를 —한편으로 그 말과 행위의 기원과 의도를 고려하지 않은 채, 다른 한편으로 그 말과 행위의 상황을 고려하지 않고서— 완전히 결정할 수 없다. 어떤 주어진 증언 행위의 적합성(실천신학의 관심._옮긴이 주)을 평가하거나, 심지어 이런 평가에 적절한 기준을 밝혀내는 것은, 이 기독교 증언의 본질(철학적 신학의 관심._옮긴이 주)과 이 증언의 다양한 역사적 표현(역사신학의 관심._옮긴이 주)을 고려하지 않고서는 불가능하다. 우리가 기독교 전통을 기독교 실천의 역사로 읽을 준비가 돼 있지 않을 때 —즉, 의미와 사용, 상황 사이에 존재하는 연관성을 볼 준비가 돼 있지 않을 때— 기독교적 진정성의 기준을 전통에서 찾는 것은 불가능하다. 이 세 탐구는 여러 측면에서 상호의존적이다. 이 상호의존성은 또한 이 세 신학 탐구에 상응하는 동계 세속 탐구의 특징이기도 하다. 즉, '역사'나 '철학' 혹은 '인문과학', 그 어느 것도 단 하나로 확인될 방법으로 그와 같은 단일 과목의 이름을 갖지 않는다. 이 모든 탐구는 엄청나게 방대하고, 다루기 어렵고, 수많은 전략을 채택하고, 가지가지 흥미진진한 방법으로 서로 촘촘히 연결됐고, 서로 중복돼 있어서,

어느 정도는 과목화科目化할 수 없는 탐구 분야이기도 하다.

조직신학은 네 번째 주요 신학 과목에 붙일 수 있는 이름인데, 이 과목은 지금까지 살펴본 세 기본 탐구를 하나의 종합적이고 구성적인 방식으로 통합할 때 구성된다. 이미 앞에서 지적한 것처럼, 신학의 구조를 설명하는 수많은 시도에서 조직신학은 이 책에서 철학적 신학에 부여된 과제를 본질에서 떠맡는다. 더욱이 조직신학은 중재(매개)하는 역할을 하도록 전략적으로 역사신학 과목과 실천신학 과목 사이에 위치한다. 조직신학은 역사적 연구의 결과를 수용하고, 그 결과의 내용을 반성하며, 이 내용을 다시 적절한 방식으로 시험하고 개선하고 정리한다. 그런 뒤 조직신학은 이렇게 해서 나온 결과를 실행에 옮길 수 있도록 실천 분야로 넘겨준다. 이렇게 이해할 경우, 실천신학은 당연히 다른 두 과목에 의존하게 되는데, 이 의존성은 기독교 증언이 과거에서 현재, 미래로 나아가는 운동—즉, 역사적으로 과거에 '주어진 것'에서 출발해서 이것을 현재에 수용하고, 다시금 그것을 미래의 새로운 상황에 재표현하는 것으로 나아가는 운동—을 포함한다는 사실과 관계된다. 조직신학을 역사신학과 실천신학 중간의 한가운데 배치하는 것은 신학 탐구가 과거와 미래 사이를—즉, 과거에 이미 전수받은 것과 이 전수받은 것으로 미래에 해야만 할 것 사이를— 중재하는 과제에 집중한다는 사실을 인정하는 것이다.

세 신학 탐구의 관계를 이렇게 이해할 때 발생하는 한 가지 문제가 되는 특징은 이 이해가 세 신학 과목 사이의 교통의 흐름이, 노골적으로 주장하지는 않는다고 해도, **일방통행적**이라는 것을 시사하는 경향에 있다. 조직신학이 자신의 자료를 제시하는 방법으로 실천신학의 필요를 예견한다고 하더라도, 어디까지나 조직신학은 그것 때문에 실천신학 탐구 때문에 본질에서 아무런 영향을 받지 않을 수도 있다. 사실상 기독교 증언의 진정성과 진리성의 문제는 이 증언과 증언이 수행되는 상황과의 관계성을 고려하지 않은 채로, 또한 고려하기 이전에도 해결될 수 있다. 더욱이 증언과 상황의 관계성은 대부분 기본적으로 '적용'의 관계성으로 추정된다. 다시 말해 실천신학은 '일반적인 것'에서 '특수한 것'으로, '이론'에서 '실제'로 이동하기 위한 기술技術에 주로 관심을 둔다고 추정된다. 그러나 4장에서 계속 살펴보게 될 이유로 이런 추정은 매우 의심스러운 추정이 아닐 수 없다. 단순히 실천신학을 꼭 예견하면서 조직신학이 수행된다면, 조직신학은 자신의 목적을 달성할 수 없게 될 것이다. 조직신학은 방법론 문제나 재료 문제에 있어서 역사신학과 철학적 신학에 의해서뿐만 아니라, 실천신학적 반성에 의해서도 영향을 받아야만 한다. 비단 이런 이유 때문만이 아니라 철학적 신학의 특수 과제를 더욱더 분명히 인식하기 위해서도, 조직신학을 역사신학과 실천신학의 "중간에 낀 과목"으로 간주하는 통상적 관행을 버리고, 그 대신에 조직신학이 어떻게 신학의 세 차원 전체를 포괄하는 복잡한 반성 양태라는 사실인가를 보여 주는 것이 훨씬 더 낫다. 다음 장에서 이 논점을 더욱더 상세히 발전시켜 나갈 것이다.

조직신학은 세 가지 의미로 '조직적'이다. 첫째로, 조직신학은 이미 그 개요를 살펴본 세 신학 탐구를 통합해서, 그 세 탐구 각각의 자원과 통찰을 다른 두 탐구와 연관시키고, 이 자원과 통찰이 기독교 증언의 타당성에 대한 단일 탐구의 양상이 되도록 조정한다. 둘째로, 조직신학은 그 다루는 범위에서 포괄적이다. 조직신학은 기독교 증언 전체를 다루며, 이 증언의 일관성과 통전성에 주의를 기울인다. 셋째로, 조직신학은 비판적이면서 구성적이다. 다시 말해 조직신학은 타당한 기독교 증언을 구성하는 것이 무엇인가에 대한 질문에 확실하고 일관된 대답을 제시하려고 한다.

'조직적'이라는 말의 첫 번째 통전적 의미와 관련해서 볼 때, 세 신학 탐구가 균형이 잘 잡힌 상태로 추구돼 온 사실이 거의 드물었다는 사실을 주목해야 한다. 부분적으로 여러 신학자의 타고난 재능과 관심이 각기 서로 다르다는 이유로, 또 부분적으로 신학자들의 신학적 연구 환경의 차이 때문에, 세 신학 관심 가운데 한두 가지가 각 신학자의 사고를 지배한 것이 사실이다. 어떤 신학자들에게는 진정으로 기독교적인 증언(역사신학._옮긴이 주)이 주요 신학적 관심사였다. 이 신학자들은 거짓된 증언으로 진리를 위협하는 이단 세력을 척결해야 할 가장 심각한 문제로서 인식했다. 따라서 이 신학자들은 가능한 한 가장 순수한 교리를 추구하는 '교의학'을 —흔히 격렬한 논쟁을 수반한 채— 신학이 취해야 할 가장 자연스러운 형태로 생각했다. 현대 신학자들 가운데 이런 이해를 탁월하게 주창한 사람은 의심할 나위 없이 칼 바르트다. 그런가 하면 이단 문제가 아닌, 불신앙을 교회가 직면한 주요 신학 문제로 생각한 신학자들도 있었다. 이 신학자들에게는 증언을 듣는 청중의 지적인 편견과 시대에 뒤떨어진 한 물간 사고나 표현 형식에 이 증언이 굳게 속박된 것을 모두 극복할 수 있는, 자신의 증언을 진리라고 권고할 수 있는(철학적 신학. _옮긴이 주) 그런 증언이 가장 중요한 관심사가 됐다. 이런 관심을 다루고자 슐라이어마허나 폴 틸리히[Paul Tillich](1886~1995)와 같은 신학자들은 단연코 철학적 태도와 변증적 의도가 깔린 조직신학을 저술했다. 어떤 신학자들에게는 교회 내부의 이단 문제나 교회 외부의 불신앙이 주요한 문제가 아니었는데, 적어도 일반적으로 이해된 것처럼, 외려 이 신학자들은 교회가 인간의 현실 상황에 충분히 귀를 기울이지 못했고, 교회의 문제를 이 상황에 전달하는 일에도 실패했다는 엄연한 현실에 주목했다. 이처럼 특수한 상황에 의식적으로 참여함으로써 다양한 '상황' 신학이 전개됐는데, 때때로 "소유격 신학"(노동의 신학, 정치의 신학 등등)으로 명명된 신학이 점차 증가했으며, 이런 류類의 상황 신학과 소유격 신학이야말로 앞에서 지적한 교회의 참담한 실패를 교정하는 시도로 여겨졌다. 현대 신학에서 여성 신학이나 흑인 신학, 남미 해방의 신학과 같은 운동이 지역 상황과 인간의 특수 경험에 적절한 주의를 기울일 것을 촉구하는 강력한 옹호자들을 배출했다. 구스타보 구티에레즈[Gustavo Gutiérrez](1928~)에 따르면, 예컨대 라틴 아메리카 상황에서 제기되는 진정한 신학 도전은 '비신앙인'이 아니라 '비인간'—즉, 가난하고 착취 받는 사람, 압제적인 사회 구조 때문에 인간성이 거부되고 침해된 사람—이라고 주장했다.[3]

---

3 Gustavo Gutiérrez, "Faith as Freedom: Solidarity with the Alienated and Confidence in

신학 연구에 종사하는 신학자나 신학자들의 타고난 능력이나 주요 관심, 제각기 처한 다양한 상황에 따라 나온 모든 신학은 신학의 세 차원 가운데 어느 한 둘—즉, '진정성' 문제나 '의미와 진리' 문제, "상황의 대응성(적합성)" 문제—을 강조할 가능성이 있다. 이러다 보니 자연스레 "한쪽 차원으로만 쏠릴" 위험성이 있게 된다. 다시 말해 단 하나의 문제만이 초점이 된다고 생각하는 한, 여타의 문제는 고의적이든 그렇지 않든 간에 무시될 가능성이 농후하다. 간혹 신학의 세 차원 가운데 어느 하나를 진정한 의미의 참 신학으로 확정한 나머지, 다른 두 탐구 가운데 어느 하나를 추구하는 것이 불가능하지는 않더라도, 다른 두 탐구를 부적절하다고 주장하는 신학자가 있을 수 있다. 이런 주장은 대개 근시안이나 교만 때문만은 아니다. 이 주장은 신학에 종사하는 신학자들이 다른 목적을 충족시킬 요량으로 신학의 어떤 요구를 의도적으로 회피하거나 왜곡하는 경향성 —예컨대, "적실성"을 제쳐둔 채 "진정성"을 추구한다든지, 정반대로 "진정성"을 희생한 채 "적실성"을 추구하는 경향성, 아니면 복음을 신뢰할 만한 것으로 만들려고 하다 보니 복음을 그릇되게 표현하려는 경향성— 등등의 인식에 근거한다. 어떤 신학자들이 이런 상황을 "한 사람이 두 주인을 섬기는 상황"에 비유하면서, 반드시 "한 주인만 선택해야 한다"라는 예상된 결론을 끌어낸 것은 납득이 된다.

신학 탐구의 세 차원이 갖는 기능적 상호의존성을 분명히 인식하면서, 이 세 차원의 목적이 다함께 실현되도록 세 차원이 통합돼야만

the Future," in Francis A. Eigo (ed.), *Living with Change, Experience, Faith* (Villanova, PA: Villanova University Press, 1976), 37.

124 | 신학 탐구 방법론

한다는 주장이 본서가 제시하는 대안이다. 신학의 세 차원은, 올바르게만 이해된다면, 상호 경쟁자가 아니다. 세 차원 각자는 다른 두 차원과 제휴할 때만 효과적으로 추구될 수 있다. 세 탐구 각자는 다른 두 탐구에 영향을 주고, 역으로 영향을 받아야만 한다. 이것은 신학자들이 반드시 '관심의 균형'을 이상적으로 잡아야만 한다는 말이 아니다. 신학자 개개인은 독특하게 혼합된 능력을 갖추고 있으며, 상황마다 신학자에게 요구하는 것 역시 제각각 다르다. 어떤 신학적 반성이라고 할지라도 특별히 초점이 되는 관심이 있을 수 있으며, 또 그렇게 하는 것이 적절하다. 하지만 세 신학 탐구의 각 차원이 갖는 타당성과 중요성이 그 어떤 신학적 작업에서도, 형식적이고 의례적인 방법으로뿐만 아니라 하나의 작업 원리로서, 반드시 제대로 인정돼야만 한다는 사실이 중요하다.

　조직신학은 그 방법이 통합적일 뿐 아니라, 그 범위도 포괄적이다. 조직신학은 기독교 증언의 총체성과 통전성에 관심을 쏟는다. 조직신학의 이런 관심은 기독교 전통 전체를 완전히 반성하고 말하려는 광적인 시도가 아닌, 기독교 전통의 연관성을 보거나 보여주려는 시도일 뿐이다. 다시 말해 증언의 다양한 양상이 상호 간에 어떤 의미를 부여하는가를 이해하고, 각기 따로 떨어져 산만한 것처럼 보이는 것들 사이의 관계성을 보고, 논리적 일관성과 모순성을 찾아내고, 주변적인 것에서 중심적인 것을 구별해내는 등등, 한마디로 요약해서, 사물들이 어떻게 서로 일치하는가를 보려는 시도이다(윌프리드 셀라스가 철학을 "사물들이 어떻게 서로 일치하는가를 이해하는" 작업으로 기술한 것은, 그 자신도 인식하듯이, 특히 철학의 '조직적' 의도를 잘 반영한다). 총체성과 일관성에 대한 '조직적' 관심은 보통 '조직신학'으로 명명된 저서—즉, 타당한 기독교 증언의 요점이나 원리로 간주한 것을 진술한 것이나 주장한 것—에서 드러난다. 그런데도 '조직신학'은 일차적으로 사유의 한 양식을 지칭하는 것이지, 조직신학을 문서화한 저술의 **결과물**이 아니다. 그런 데다가 이 반성 양식은 주로 어떤 '추상적 관념화'라는 세속과 동떨어진 학술 분위기에서 실행되지 않고, 우리가 특별한 것에 주목해서 이 특별한 것을 전체의 빛에서, 역으로 전체를 특별한 것의 빛에서, 각각 이해하려고 할 때 실행된다.

마지막으로 조직신학을 하나의 구성적인 작업이라고 말하는 것은 조직신학이 통합하는 세 기본 과목으로부터 조직신학을 원칙적으로 구별한다는 것이 아닌데, 이것은 세 과목 각자가 **비판적** 계기뿐만 아니라 **구성적** 계기도 함께 갖고 있기 때문이다. 조직신학을 구성적 작업으로 부르는 것은, 타당한 기독교 증언을 구성하는 것이 무엇인가에 대한 질문에 하나의 일관된 대답을 제시하는 과정에서 —즉, 세 탐구의 구성적 계기를 통합해내는 과정에서— 조직적 반성이 하는 역할을 강조하는 것뿐이다. 이 과제는 세 가지 개별적 대응을 단순히 조정하는 차원 그 이상을 요구한다. 이 과제는 종합하는 상상 행위, 즉 어떤 점에서 이런 개별적 대응을 넘어서지만 여전히 이 대응을 설명할 책임이 있는 재再상상의 행위를 포함한다. 이것이 조직적 반성이 하는 특별히 구성적인 과제다.

본서가 시도하는 신학 구조의 설명에 다섯 번째 주요 신학 과목을 반드시 포함해야 하는데, 그 이유는 앞에서 살펴본 네 과목과 이 다섯째 과목의 연관성 문제가 자주 거론되기 때문이다. 요점만 간략히 말해야 하겠다. 기독교 윤리신학, 혹은 '신학 윤리'는 인간의 행위와 관련된 기독교 증언의 타당성을 비판적으로 탐구하는 것으로서 정의될 수 있다. 여기에서 '행위'라 함은 인간 존재가 여하한 종류의 통제를 가하거나 가할 수도 있고, 그리하여 도덕적으로 심사숙고를 해야만 하는 모든 종류의 행위—즉, 단체나 제도를 구성하고 이끌어 나가는 대규모의 가시적 행위에서 어떤 자세나 판단, 기질을 형성하는 것과 같이 개인적이고 '내적인' 행위에 이르기까지—를 포함하는 것으로 이해돼야만 한다.

이와 같은 정의가 보여 주듯이, '윤리신학'은 앞에서 살펴본 신학 과목들과 뚜렷이 구별되는 신학 탐구 형태는 아니다. 윤리신학이 특별하다면, "기독교 증언의 한 특별한 양상"에 초점을 집중한다는 사실뿐이다. 이 양상과 관련해서 윤리신학은 역사신학, 철학적 신학, 실천신학 세 과목을 유발한 세 가지 동일한 주요 질문을 제기하며, 우리가 조직신학으로 규명한 일관되고 포괄적이고 구성적인 이해에도 동일한 관심을 기울인다. 윤리신학은 이 세 과목 하나하나를 구성하는 필수 요소인데, 윤리신학은 이 세 과목을 통상적으로 탐구하는 과정에서도 추구될 수 있다. 그런데도 윤리신학이 하나의 별개의 신학 과목으로서 갖는 정체성과 이것을 꼭 추구해야 하는 당위성은 오로지 실천적 이점 때문에 완전히 정당화된다. 윤리신학이 집중하는 초점의 중요성과 윤리신학 탐구가 제기하는 특별한 종류의 질문, 또한 이 질문을 다루기 위해 활용해야 할 특수한 자원을 고려할 때, 윤리신학 탐구를 특수한 영역의 학문, 반성, 가르침으로 규정하고, 다른 신학 과목들이 그러하듯이 윤리신학에도 하부 전문 과목들이 있다는 사실을 수긍하는 것은 전적으로 일리가 있다.

기독교인의 행위와 관련된 질문이 '윤리신학'과 '실천신학'에 모두 다 제기된다는 사실—즉, 먼저 윤리적 문제가 제기되고, 그다음에 실천적 문제가 제기된다는 사실—을 고려할 때, 윤리신학과 실천신학의 연관성에 대해서 어떤 특별한 해명을 해야 할 필요가 있다. 윤리신학은 (인간의 다양한 행위 가운데) '기독교적 실천'이 인간의 행위로서 갖는 특질과 관련해서 인간 행위에 관한 기독교 증언의 빛에서 이 기독교적 실천을 평가하는 데 관심을 쏟는다. 실천신학은 기독교 증언의 적합한 실행으로서의 '기독교적 실천의 적합성'과 관련해서 이 기독교적 실천을 평가하는 데 관심을 기울인다. 윤리적 탐구나 실천적 탐구나를 불문하고, 각 탐구는 다른 탐구와 분명히 어떤 관계를 갖는다. 예컨대, 기독교적 실천에 대한 도덕적 평가(윤리신학적 탐구의 과제)는 이 실천을 실행하는 사람들의 목적과 자기이해를 파악하는 것에 도움을 받아야 하며, 어떤 주어진 증언 행위의 적합성을 평가하는 것(실천신학적 탐구의 과제)은 이 증언 행위의 도덕적 자질을 고려해야만 한다.

윤리적 탐구와 실천적 탐구 사이의 긴밀한 연관성 때문에 윤리적 탐구와 실천적 탐구 둘 가운데 어느 하나를 다른 탐구에 종속시키려는 시도가 있었다. 예전의 신학 구성 기획 가운데 몇몇 경우에는 '윤리신학'이 '실천신학'의 한 분과로 취급된 적도 있다. 하지만 적어도 현재의 신학 구조에서 윤리신학은 실천신학의 한 종속 분과가 될 수 없는데, 그 이유는 윤리신학이 단지 실천신학적 차원만 갖는 것이 아니라, 신학 탐구의 세 차원을 다 포괄하기 때문이다. 그렇다면 단순히 용어를 뒤집어서 '실천신학'을 '윤리신학'의 한 분과로 보는 것이 가능할까? 실천신학 역시 기독교 행위의 한 형태나 측면을 다루는 까닭에 이 대안은 처음에는 그럴듯해 보인다. 하지만 우리가 처음 제시한 구별이 보여 준 것처럼, 윤리신학이 기독교 증언의 행위를 행위로서 평가하는 데 관심이 있다고 한다면, 실천신학은 기독교 증언의 행위를 증언으로서 평가하는 데 관심이 있다. 두 목적은 어떤 점에서 서로 중복되지만, 결코 동일하지 않은 일련의 독특한 고려 사항을 유발한다. 윤리신학과 실천신학은 서로 긴밀히 연관돼 있지만, 각자의 이익은 어느 한쪽으로 흡수시키려는 초대를 거부함으로써 가장 잘 보호될 것이다.

신학 탐구는 이 신학 탐구의 일체의 형식과 양상에 있어서 제한된 자원과 독특한 관심과 목적을 가진 인간 존재의 노력이다. 이 신학 탐구를 정리하고 실행하는 계획이 인간의 제한된 노력이 아닌 채 한다면, 그 어떤 계획도 결코 충분할 수 없을 것이다. 지금까지 기독교 증언의 타당성에 대한 비판적 탐구로 이해된 기독교 신학의 기본 구조를 서술하려고 했다. 그러나 이 탐구가 실제로 어떻게 실천돼야만 하는지에, 즉 이 구조가 어떻게 반성의 과정을 구체화하는지에 대한 물음은 계속 검토돼야만 할 것이다.

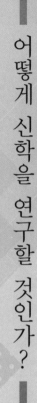

어떻게 신학을 연구할 것인가?

4장

In his well-known essay on Tolstoy, Isaiah Berlin makes a figurative use of a line from the Greek poet Archilocus –"The fox knows many things, but the hedgehog knows one big thing"– to distinguish two kinds of thinkers: Hedgehogs are those who "relate everything to a single coherent vision", while the thinking of foxes is "scattered or diffused, moving on many levels, seizing upon the essence of a vast variety of experiences and objects for what they are in themselves···." We might say that the hedgehog specializes in vision, the fox in discernment. Berlin associates the two forms of thinking with two personality types.

앞에서 신학 탐구의 구조를 설명할 때 언급한 신학 과목들은 슐라이어마허가 『신학 개요』에서 말한 '망령'과 적어도 하나의 공통점이 있다. 즉, 이 신학 과목들이 과거든 현재든 실제로 통용되는 어떤 신학 과목들과도 정확히 일치하며 않으며, 이 과목들이 좀 더 구체화될 수 있는지는 두고 봐야 한다는 사실이다. 따라서 현시점에서 이 과목들을 그냥 **잠재적 과목들**로 부르면 좋겠다. 이런 잠재적 과목들이 실제 과목들이 될 수 있는지는 다음과 같이 많은 요소에 달려 있다. 즉, 이 잠재 과목들이 갖는 내적 일관성, 장점, 탐구로서의 생존 가능성, 이 과목들과 기존 과목들과의 관계성, 이 과목들의 제도적 상황이 빚어낸 압력과 기회, 이 과목들이 학술 체계를 갖춰야 할 필요성, 일반 과목들과 연계된 지원, 이 과목들이 가져오는 유익, 이 과목들에게 매력을 느끼는 연구자들 등등에 달려 있다. 탐구가 —계속 유지되는 활발하고 중요한 탐구라고 할지라도— 저절로 학과목이 되는 것은 아니며, 반드시 그렇게 돼서도 안 될 것이다. 어떤 탐구는 이미 제도화된 학과목 배치에 도전하고, 학과목의 경계선을 넘어서 자신의 중요성을 확보한다. 그런가 하면 다른 탐구들은, 스티븐

툴민Stephen Toulmin(1922~2009)이 윤리학과 철학에 대해서 주장한 것처럼, 이런저런 이유로 이 탐구들의 관심이 이미 확정된 과목 배치뿐만 아니라 가능한 모든 과목 배치도 넘어서기에 **근본적으로** "과목화될 수 없다."[1]

이 책이 이해한 신학 탐구는 이 탐구에 상응하는 신학 과목 배치에 무조건 의존하지 않는다. 신학 탐구는 매우 다양하게 배치될 때 어느 정도 성공을 기약할 수 있는데, 이렇게 배치될 때 신학 탐구를 촉진할 수 있지만, 탐구를 방해하거나 왜곡할 수도 있다. 모든 활발한 탐구와 과목적 전통 사이에는 긴장이 있을 수 있다. 과목 배치를 구체적으로 어떻게 해야지만 신학 탐구의 목적에 가장 잘 들어맞는가의 문제는 아직 해결되지 않았다. 아이러니하게도 하나의 **탐구**가 하나의 **과목**이 되는 전형적인 과정이 보이는 특징 가운데 일부는, 그 탐구가 성공하는 데 매우 중요한, 탐구의 다양한 차원들 사이의 상호작용을 저해함으로써, 시작부터 이런 목적을 분명히 좌절시키는 경향이 있다. 도미니크 라카프라Dominick LaCapra(1939~)는 지성사知性史의 목적에 대해 쓴 논문에서 "하나의 과목은 그 과목의 중요한 본문을 환원적으로 읽는 것—즉, '과목을 만든' 본문과 중요한 방법으로 경쟁하면서 읽는 것—을 통해 부분적으로 만들어질 수 있다."[2] 불행히

---

1 Stephen Toulmin, *Human Understanding: The Collective Use and Evolution of Concepts* (Princeton: Princeton University Press, 1972), 378-411. 툴민은 하나의 '과목'이 "이론 문제나 실천 문제를 다루는 데 필요한 절차나 기술을 가진 공동의 전통"을 포괄하는 것으로 이해한다(142). 바로 이것이 이 책에서 우리가 '과목'이라는 용어를 사용하는 목적을 매우 정확하게 이해하고 있다.

2 Dominick LaCapra, "Rethinking Intellectual History and Reading Texts," *History and*

도 현대 신학 연구의 이런저런 과목은 이처럼 기독교 전통을 환원적으로 읽는 잘못을 저지르고 있다. 기독교 전통을 환원적으로 읽는 것 다음으로 오는 모든 것이 덜 환원적이 되고, 전통의 복잡한 요구와 신학 과제 전체의 복잡성에 대해 더욱 확실히 주의를 기울일 수 있게 하는 것은 무엇일까? 하나의 탐구가 분명한 과목적 정체성을 갖지 못하는 것이 전적인 저주만은 아니다.

하지만 이런 현실은 근본적으로 불안정하고 위험한 상황이기도 하다. 자신의 과목적인 '집'을 갖지 못한 채 한 가지 이상의 과목적 전통 위에 단순히 기생하는 탐구는 자신의 핵심적 과목 전통에 내적으로 연루된 탐구보다 훨씬 더 심각한 수준으로 자신의 주인이 되는 과목에 의해 마구 휘둘리게 된다. 한 과목에 속한 탐구는 건전한 과목을 계속해서 재평가하고 수정하는 과정에 지속적으로 참여할 수 있다. 이런 탐구는 자신이 책임을 지는 과목의 규범과 절차를 확립하는 데 영향을 미친다. 3장에서 신학 탐구의 주요 요소가 막연히 떠돌아다니는 탐구의 국면이 아닌, 하나의 어엿한 과목으로 기술했고, 세 가지 기본 신학 과목—즉, 역사신학, 철학적 신학, 실천신학—이 어떻게 이에 상응하는 역사학, 철학, 인문학과 같은 '세속' 과목에 단순히 의존하는 과목이 아니라, 이 세속 과목에 적극적으로 참여하는 과목인가를 보여 준 이유가 이 사실 때문이다. 이것은, 예컨대 신학

Theory 19 (1980), 271-272. 필자가 이 논문에 주목하게 된 것은 메릴린 채핀 메시(Marilyn Chapin Massey)의 모범적 저서, *Christ Unmasked: The Meaning of the Life of Jesus in German Politics* (Chapel Hill: The University of North Carolina Press, 1983) 덕택이다.

탐구의 역사적 구성 요소가 있다는 말이다. 그러므로 신학 탐구의 이런 역사적 구성 요소에 참여하는 신학자는 대기실에 가만히 앉아서 역사학자가 적절한 자료와 해석을 친절하게 제공해 줄 것을 기다리는 대기자가 아니라, 역사학을 연구하는 한 사람의 당당한 역사학자로서 참여한다. 한 사람의 역사학자로서 실제로 **자격을 갖추는 것** —즉, 적절한 역사 과목에 관한 훈련을 거쳐서 역사 연구와 역사 해석에 종사하는 세속 역사학자에 필적할 만큼 동일한 수준의 역사학자가 되는 것—은 역사 탐구에 종사하는 모든 역사신학자에게 지워진 의무다. 이런 자격을 갖춘 역사신학자는 동료 역사학자와 더불어 역사신학뿐만 아니라 역사 연구 전체에 영향을 미치는 역사 탐구의 특성과 목적을 심의하는 권리와 책임을 갖게 된다. 이렇게 함으로써만 역사신학은 자신에게 부여된 권한을 완수할 수 있다. 이와 동일한 진실이 **필요한 부분만 약간 수정해서**(*mutatis mutandis*) 철학자로서의 철학적 신학자와 '인문 학자'로서의 실천신학자에게도 그대로 적용된다(인문학에 종사하는 학자를 일컫는 널리 인정된 일반 용어가 현재는 없다. 그러나 '역사학자'와 '철학자'는 다분히 오해의 소지가 있는 일반 용어라는 점을 기억해두면 좋을 것이다). 모든 복잡한 문제를 떠안고 있는 신학 탐구의 안녕은 결국 탐구에 적절한 **과목적 상황**을 확보하고 유지할 수 있는가에 달려 있다. 이런 과목적 상황에서 신학 탐구의 동계 학문에 대한 내적 관계성이 함양되는 동시에, 신학 탐구의 현저히 신학적 양상 역시 인정되고 지지된다.

신학에서 '잠재 과목'을 만들어내고, 이 잠재 과목 상호 간의 이상적 관계와 이 신학 과목과 이 과목에 상응하는 세속 과목 사이의 이상적 관계를 기술하는 것 그리고 이 이상적 구조를 현재 통용되는 신학 과목의 실제 상황과 연관시키는 것은 별개의 문제다. 잠재 과목이 실제 과목이 되고, 잠재 과목이 신학 탐구를 촉진하는 데 필요한 모든 구체적 형태화는 오로지 신중하게 점진적으로 변혁되는 과정에 의해서만 가능할 것이다. 신학 탐구를 위한 하나의 상황으로서 현재 통용되는 과목 배치의 가능성과 한계성은 반드시 검증돼야만 한다. 더욱 적합한 상황을 만들어내는 쪽으로 변화될 가능성뿐만 아니라, 이 변화를 짓누르는 다양한 제약이 갖는 강점과 중요성은 반드시 철저히 검토돼야만 한다. 오로지 우리 자신이 처한 현재 상황의 조건하에서 신학 탐구에 참여할 때만 이처럼 시험하고 검토하는 과제는 완수될 수 있으며, 적절히 조정되고 수정될 수도 있다. 게다가 어떤 진전이 있더라도 이 진전은 조금씩 단편적으로 일어나는 진전일 가능성이 크고, 그것도 타협하는 식으로 그렇게 될 것이다.[3]

이 책에서 제안한 신학 탐구의 이해가 (조금이라도) 더 적절히 구현될, 이런 변혁 과정의 방향은 신학 연구를 하는 현재 상황의 과목 배치가 보여 주는 몇 가지 꽤 만연된 특징을 언급함으로써 대체로 예견될 수 있다. 신학 교육을 위해 함축된 이 제안의 의미는 마지막 장에 가서 좀 더 자세히 고찰될 것이다. 이 시점에서는 신학 탐구를

---

3 여기에서 필자는 조지프 허프 2세(Joseph C. Hough, Jr)가 "Reform in Theological Education as a Political Task," *Theological Education* 17 (1981), 157-159에서 제기하는 다음의 주장에 동의한다. 즉, 진보라고 하는 것은 옛 프로그램을 완전히 새 프로그램으로 대체하려는 대규모의 노력으로 생기는 결과라기보다는, 다른 발전을 촉진하는 일련의 점진적인 소규모 결단과 변화의 결과로 생겨날 가능성이 더 크다.

위한 하나의 장場으로서의 현재 상황이 보여 주는 가장 두드러진 자산과 책무 가운데 일부를 보여 주고 싶을 뿐이다. 이와 같은 간략한 상황 파악은 4장의 주목적인 신학 탐구의 역동성을 고찰하는 것으로 이어질 것이다.

2장에서 주장한 것처럼, 기독교 신학이 하나의 비판적 탐구로서 정당하게 인식될 때, 더욱 위대한 비판적 자유를 향해 신학 과목들이 움직여 나간 기본 운동―지난 200년이 넘는 기간 동안 이 신학 과목들을 독립된 공공公共의 '세속' 과목들로 출현하도록 이끈 운동―은 이 운동의 모든 난제에도 불구하고 방향을 바로 잡은 운동이었다. 이 운동은 **전통**에 대한 철저한 충실성이 의존하는, 전통으로부터의 자유를 촉진했다. 이 운동은 기독교 전통의 진정성, 의미와 진리, 전통의 적합한 실행―3장에서 신학 탐구를 구성하는, 비판의 세 가지 차원으로 확인한 것처럼―과 관련해서 기독교 전통을 비판적으로 반성하도록 권장했다. 이 운동은 기독교 증언이 제아무리 계시의 영감을 받은 것이라고 할지라도 인간의 오류와 한계를 피할 수 없는, 하나의 인간 행위라는 사실을 너무도 분명히 강조했다. 그뿐만 아니라 이 운동은 불편한 질문 공세에서 벗어나고자 성경이나 전통의 보호막 뒤로 숨는 기독교인이 ―이와 유사한 동기로 깃발로 자신을 칭칭 감싸는 자칭 애국자가 책임적 시민이 아닌 것과 마찬가지로― 책임적인 복음의 청지기가 아니라는 사실을 분명히 보여줬다.

물론 이런 비판적 자유가 현대적인 발견인 것만은 아니다. 비판적 자유는 교회에서 유장悠長한 역사를 어엿이 갖고 있다. 특수한 시간과 특수한 상황에서 근본적으로 비판적 질문 가운데 한두 가지가 활발히 대두됐고, 괄목할만한 결과를 초래했다. 예컨대, 초기 변증론자들이 활동한 시대에는 의미와 진리라는 '철학적' 질문이, 종교개혁 시대에는 기독교 증언의 진정성이라는 '역사적' 질문이, 10~12세기의 수도원 개혁 운동 시기와 18세기 대각성 부흥 운동 시기에는 어떻게 복음을 온몸으로 살아낼 것인가 하는 '실천적' 질문이 제기됐다. 이처럼 '비판 운동'이라는 것이 꼭 계몽주의와 더불어 태동한 것은 아니었다. 다만 계몽주의 이후의 발전 과정이 빚어낸 결과가 있다면, 충분히 시험해본 절차를 구체화하고, 그 결과 이 절차는 다시 이 절차를 유지하는 제도적 상황과 정치적 배경에 구현된 바 비판적 탐구의 전통들(현대의 학술 과목들과 이 과목들의 선행 과목들과 변종 과목들)이었다.

하지만 이런 발전이 신학에 명백히 긍정적인 중요성으로 작용한 것은 아니었다. 이것은 비판이 지나쳤기 때문이 아니라, 언제나 비판이 충분히 수행되지 못했기 때문이었다. 우리는 칼 바르트가 성서 신학자들에게 준 충고를 확장해서 신학자 전체가 언제나 더욱 비판적으로 되도록 노력해야지, 덜 비판적으로 돼서는 안 된다는 사실을 단언할 수 있다.[4] 안타깝게도 비판의 범위가 자주 부당하게 제한됐다. 예컨대, 간혹 교회나 국가, 학교가 어느 정도 분명히 강요한, 이른바 '정치적' 규제 때문에 어떤 질문이나 영역에는 아예 주의조차

---

4 바르트의 『로마서 강해』(*The Epistle to the Romans*) 제2판의 서문에서. *The Beginnings of Dialectic Theology*, Volume One, ed. James M. Robinson (Richmond: John Knox Press, 1968)에 있는 케이쓰 그림(Keith R. Crim)의 번역본, 93을 보라.

기울일 수 없었거나, 탐구의 심도가 심각히 제한되기도 했다.5 어떤
동기에서든지 간에 신학자들이 이런 규제를 자신의 것으로 내면화
할 때, 이처럼 내면화된 규제는 그 규제를 방해물로 인식하고 분개할
때보다 훨씬 더 강력한 기능을 발휘한다. 신학 탐구의 이데올로기—
신학자의 정치 사회적 정황과 사회적 관심이 그 신학자의 탐구를 왜
곡되고 그릇되게 표현하도록 무의식적으로 이끄는 방법—는 신중히
연구해볼 가치가 있다. 이런 이데올로기에 관한 연구는 신학이 "더
욱 비판적인 것"—이 경우, 자기비판적인 것—이 될 필요가 있는 여
러 방법 가운데 하나다.6

흔히 이런 '이데올로기적' 규제와 관계되지만, 또한 스스로 밝혀
질 가치가 있는 것은 과목 배치와 이 과목 배치의 제도적 상황이 강
요한 제약성이다. 독일 대학의 전통이 '과학적' 관심과 '실천적' 관심
을 분리했고, 이 분리의 결과로 실천신학뿐만 아니라 '이론' 과목들
의 실천적 측면까지 깎아내린 것은 독일의 정치사회적 상황에서 비
롯됐고, 이 상황에 의해 유지됐다. '과학적인 것'과 '실천적인 것'을
분리하게 됐을 때, 실천적인 것을 멸시한 귀족주의 문화에서 '과학
적' 지식과 이 지식을 함양해준 대학의 위세를 한껏 높아지게 만들었
다. 이와 동시에 이런 분리는 교회와 세속 권력을 장악한 실세實勢들

---

5 독일의 현대 신학 교육 발전에 끼친 이런 영향에 대해서는 Robert M. Bigler, *The Politics
  of German Protestantism: The Rise of the Protestant Church Elite in Prussia, 1815~
  1848* (Berkeley: University of California Press, 1972)을 보라.
6 이데올로기의 몇 가지 주요 의미를 명확하면서도 유익하게 분류해 놓은 것은 Raymond
  Geuss, *The Idea of a Critical Theory: Habermas and the Frankfurt School* (Cambridge:
  Cambridge University Press, 1981), 1장에서 찾을 수 있다.

에게 학자들이 추구한 비판적 탐구의 자유가 기존 질서에 전혀 위협이 되지 않는다는 사실을 재확인해줬다. 다시 말해 (칸트^{Kant}가 주장한 것처럼),7 '과학적' 영역의 지적 자유는 '실천적' 영역의 절대적 순종과 완전히 양립 가능하다는 사실을 재확인해줬다. 의심할 나위 없이 과학적인 것과 실천적인 것의 분리는 독일의 학문 전통이 만끽한 지적 자유뿐만 아니라, 비판적 탐구의 발전과도 밀접하게 관련돼 있다. 이런 분리는 또한 비판적 탐구가 한도를 벗어나지 않도록 '이데올로기적' 기능도 했다.

물론 다른 지역에서도 유사한 압력에 유사한 방식으로 대응했다. 미국 신학 교육에서 '실천적인' 신학 과목들과 '과학적인'('이론적인', '학술적인', '고전적인') 신학 과목들의 분리는 오랫동안 자명한 것이었다. 미국에서의 이런 분리 현상은 어느 정도 독일식 학문 전통의 유산이었으며 ―독일의 경우와 마찬가지로― 일정 부분 전통적인 목회 사역을 위한 실천적 준비가, 비판적 신학 연구의 종잡을 수 없는 성격에도 불구하고 ―또한 이 예측불허의 성격에 대체로 영향을 받지 않는다는 사실에도 불구하고― 확실히 지속할 것이라는 기능적 동향이기도 했다. 최근 들어 미국 대학 내에 '종교학부' 과정의 증가와 더불어 ―이런 증가로 인해 성경과 교회사, 기독교 사상 등등에 대한 훨씬 최근의 학술 연구가 노골적으로 비신학적 상황과 방향으로 이동하는 추세 때문에― 이론 과목과 실천 과목의 분리는 한층

---

7 Immanuel Kant, "What is Enlightenment?," in *The Philosophy of Kant*, tr. and ed. Carl J. Friedrich (New York: Modern Library, 1949), 132-139.

더 심화됐다. 이론적인 것과 실천적인 것의 분리는 신학교 내부에서 바로 앞에서 말한 성경과 교회사, 기독교 사상 등의 주제를 연구하는 데에도 영향을 미쳤는데, 그 이유는 이런 분리가 학자를 훈련하고 학자의 관심을 끄는 것, 학자가 자신이 가르치는 학과목의 범위를 이해하는 것, 이 과목을 가르치기 위해 어떤 학술 연구가 필요한가에 관한 것 등등에 광범위한 영향을 미쳤기 때문이다. 이 변화가 어떤 점에서는 기독교 전통의 비판적 연구를 향상한 것이 사실이지만, 심지어 신학 대학의 교수조차도 자신이 가르쳐야 할 학과목을 이와 같은 신학 탐구와 연관시키는 일이 더더욱 어렵게 되고 말았다. 다시 말해 신학자가 자신의 비판 인식으로 말미암아 추구하게 된, 기독교 증언의 진정성과 진리성, 적합성이라는 명백히 신학적인 질문을 제기하는 것 자체가 어렵게 됐고, 자신의 특수한 능력에 따라서 신학 탐구가 궁극적으로 요구하는 성격의 조직적 반성에 착수하는 것이 어렵게 되고 말았다.8

신학 탐구와 관련된 과목은 자신의 이전과 더욱 최근의 역사를 통해 줄곧 이 과목의 신학적 유용성에 제약을 가한 몇 가지 특징을 얻게 됐다. 즉, '과학적' 관심을 '실천적' 관심으로부터 계속 분리해 나감으로써, 자신의 이전 환경과 목적이 신학 교육에 있는 과목에 대해 종교학적인 기반이 점점 더 많은 영향을 끼치게 됨으로써, 어떤 점에서 진정한 신학 탐구의 실현을 꽤 오랫동안 지난하게 만든 신학

---

8 이런 발전이 끼친 영향에 대한 한 가지 평가를 보고자 한다면, George Lindbeck, *University Divinity Schools: A Report on Ecclesiastically Independent Theological Education* (Rockefeller Foundation, 1976), 17-18, 35-41을 보라.

연구에 대한 접근법이 함양됐고, 또한 심화됐다. 이런 접근법은 1장의 결론부에서 그 개요를 살펴본 것처럼 현대 개신교 신학 커리큘럼의 전형적인 구조에 표현됐고, 또 이 구조에 의해 촉진됐다. 이 접근법은 3단계 연구 순서—즉, 역사적 연구, '조직적'(철학적) 연구, 실천적 연구 과정—를 포함한다. 커리큘럼의 각 단계마다 이 세 가지 연구 각각에 속하는 강좌나 구성 요소 가운데 일부를 맞닥뜨릴 수 있겠지만, 연구의 전반부에는 역사적 연구가 두드러지고, 후반부에는 실천적 연구가 우세하고, 조직적 연구는 역사적 연구와 실천적 연구의 중간쯤에 위치하는 것이 전형적인 양식이 됐다. 조직신학은 일반적으로 역사신학과 실천신학 사이를 이어주는 징검다리로 인식됐다. 흔한 경우지만, 조직신학이 교의학과 윤리학을 공히 다 포함한다고 할 때, 조직신학이 다리 역할을 할 때 보통 교의학이 우선권을 갖는다. 19세기의 신학 백과사전에서 가장 걸출한 교과서인 하겐바흐[K. R. Hagenbach](1801~1874)의 책에 따르면, "신학의 중심부[Mittelpunkt]를 이루는 것은 교의학인데", 이 교의학은 현재의 빛에서 주석적이고 역사적 연구 결과를 반성한 뒤, 이 결과를 "과학적 전체[wissenschaftlichen Ganzen]"로 조합해내며, "이 과학적 전체에서 다시 윤리학과 실천신학의 원리가 파생하게 된다."[9] 그렇다면 단연 조직신학이 최고의 신학이다.[10] 대체로 조직신학에 대한 이와 동일한 정의가 —적어도 암암리에, 다른 과목의 역할에 관한 정의까지도— 현대 신학의 특징이 돼 왔다.[11]

---

9 K. R. Hagenbach, *Enzyklopädie und Methodologie der theologischen Wissenschaften*, 12th ed., ed. Max Reischle (Leipzig: S. Hirzel, 1889), 395.

10 Hagenbach, *Enzyklopädie*, 393.

이런 사고의 순서와 이에 상응하는 커리큘럼 배치가 대단히 합리적이라는 사실은 일리가 있다. 기독교 전통의 핵심 내용의 지식을 산출하는 역사학적 연구는 분명히 이 전통의 철학적('조직적') 반성보다 앞서야만 되고, 역사학적 연구나 철학적 반성 모두는 미래를 위해 그 전통을 만들어내는 것과 관련해서 심사숙고하는 데 영향을 미쳐야만 한다.[12] 실천신학이 이런 식으로 역사신학과 철학적 신학에 의해 영향을 받아야만 한다는 사실과 이런 연구 순서가 준행되도록 과목 배치를 하는 것이 좋다는 사실을 부인할 사람은 없을 것이다. 그러나 이런 식으로 순서를 정하는 것의 자명한 의미의 이면에는 몇 가지 근본 약점이 은폐돼 있다. 물론 핵심 문제는 이런 식으로 순서를 정하다가는 실천신학이 다른 두 차원의 신학 연구—즉, 역사적 연구와 철학적(조직적) 연구—에 능동적으로 영향을 미치기는커녕, 외려 역사신학과 철학적 신학(조직신학)에 의해 수동적으로 휘둘리

11 G. Gloege, "Systematische Theologie, Ⅰ: Begriff", *Die Religion in Geschichte und Gegenwart*, 3rd ed., vol. 6 (Tübingen: J. C. B: Mohr[Paul Siebeck], 1962), cols. 583-585에서 제기된 정의는 본질에서 하겐바흐(Hagenbach)의 뒤를 따른다.

12 신학 방법에서 이런 잠정적 순서는 슈버트 아그덴(Schubert Ogden)이 "What is Theology?," *The Journal of Religion* 52 (1972), 22-40에서 제시한 설명의 구조 원리다. 여기에서 역사신학은 과거에 이미 실행된 기독교 증언에 대해서, 조직신학은 현재 수행되는 증언에 대해서, 실천신학이 이 증언이 지금 반드시 그렇게 돼야만 하는 당위성에 대해서 각각 탐구한다. 하지만 이 맥락에서 아그덴의 설명은 아그덴 이전의 사상가들이 제시한 설명에 비하면 훨씬 더 복잡한데, 특히 이 과목들의 상호의존성을 명확히 인식하고 있다는 점에서 그렇다는 사실을 주목해야만 한다. 아그덴은 특히 역사신학이나 조직신학의 진술이 설득력 있는 것이 되기 위해서 반드시 존중해야만 할 현대 상황의 특징에 실천신학이 주목한다는 점에서 실천신학의 역할을 인정한다(34). 아그덴의 제안이 보여 주는 이런 특징들은 신학 과목들 사이의 '일방통행'식 진행 과정의 일반적인 경향을 교정하는 장치로 읽을 수 있다.

게 될 것이라는 사실에 있다. 하지만 이런 일방적 관계성이 만들어 낸 주요 결과로 볼 때, 심지어 후자의 목표조차 도달하기 어렵다. 다시 말해 실천신학이 다른 두 가지 과목에 능동적 영향을 미치기 어려우므로, 이번에는 그 결과 때문에 실천신학이 이 두 과목에 의해 유익한 가르침을 받을 수 없게 된다.

이런 결과를 논하기 위해 일반적으로 쓰는 관용어는 '이론과 실제'다. 이론과 실제가 논점이 되는 문제를 모호하게 만들기보다는, 이해하기 쉽게 만드는가 하는 것은 충분히 논쟁의 여지가 있다. 이론과 실제의 관용어는 이른바 '이론적'('과학적^{wissenschaftlich}', '학술적') 과목과 '실천적' 과목 사이의 진부한 이원화 현상을 영구화시키는 경향이 있는 동시에, 이 용어에 대한 어떤 합의가 있다는 그릇된 인상을 조장시킬 수도 있다. 사실 이론과 실제의 구별은 몇 가지 서로 다르고 부분적으로 충돌이 일어나는 방법으로 적용된다. 신학에서 '이론과 실제 문제'에는 몇 가지 학설이 있는데, 그 주요한 학설 가운데 일부를 알아보는 것이 좋겠다.

먼저 이론과 실제의 구별에 관한 고전적 설명이라고 할 수 있는 학설이 있다. 이론^{theoria}과 실제^{praxis}는 그 본질에서 서로 관계가 없다는 설이다. 이론과 실제는 서로 다른 두 가지의 행위, 혹은 생활 양식이다. 이론은 이론 그 자체를 위한 지식이거나, 아는 행위에 불과하다. 이론은 실제나 삶을 책임 있게 수행하는 것과 아무 상관이 없는데, 그것은 이론이 아는 것은 우리의 행위를 심사숙고할 때 도움을 줄 수 있는 종류의 것이 아니기 때문이다(예컨대, 아리스토텔레스에게 이론의 대상은 인간이 통제할 수 있는 영역이 아닌, 필연성과 불변성의 영역이다. 그러나 이론적 이해의 대상과 실제적 이해의 대상을 무엇인가를 아는 행위의 방법으로 구별해내고자 두 가지 **대상**을 이원화시킬 필요는 없다. 이 대상을 근본적으로 구별해주는 것은 이 대상의 **목적**이며, 이 목적은 동일한 대상에 관한 것이라고 할지라도 이 대상이 "다른 것을 알도록" 이끌어 줄 수 있다). 실천은 이론에 의해서가 아니라, '실천적 지혜*phronesis*'에 의해서 인도를 받아야만 되는데, 이 실천적 지혜는 '실천 철학'으로서의 보다 더 반성적 양태에 도달할 수 있지만, 그 어떤 적절한 의미에서도 이론적인 것은 아니다. 이론적 지식이 실제적이지 않다고 불평하는 것은, 이런 방식으로 설명할 경우, 이론의 목적은 실제적이 되는 데 있지 않기 때문에[13], 이렇게 불평하는 사람 자신의 개념적 혼동을 드러낼 뿐이다.

지금까지 살펴본 이런 '이론'의 이해를 고려할 때, 신학에서 '이론과 실제 문제'는 이론 과목에 집중하는 문제로 볼 수 있다. 이론 과목의 문제점은 정확히 말해서 이 과목이 순전히 이론적인 과목이라는 사실에 있다. 다시 말해 이론 과목이 실천적 지혜를 함양하는 쪽이 아니라, 추상적 지식을 생산하는 쪽으로 정향定向돼 있다는 사실이 문제다. 그렇다면 이 문제를 해결하는 방법은 —이론 과목이 다루는 주제가 실제와 연관성이 있는 한— 이론 과목을 실천 과목으로 변형시키는 형식을 취하는 데 있을 것이다. 아니면, 가능성이 좀 더 높은

---

13 이런 고전적 논의를 유용하게 다루는 논문을 보려면, Nicholas Lobkowicz, *Theory and Practice: History of a Concept from Aristotle to Marx* (Notre Dame: University of Notre Dame Press, 1967), 1-3장을 참조하라.

해결책은 신학 연구의 구조 전체를 실천적 탐구로서의 신학 연구의 적절한 특성과 일치하도록 철저히 재정향 시키는 데 있을 것이다. 문제점이 이론 과목에만 쏠려 있다고 할지라도, 이 문제점은 현재 '실천신학'으로 불리는 과목에도 영향을 미치기 때문에 실천신학은 자신의 현재적 자기 이해와 절차를 있는 그대로 간직할 수만은 없고, 신학 과목 전체와 관련해서 새로운 관계성을 찾지 않으면 안 될 것이다('이론'에 대한 동일한 이해를 놓고 볼 때, 이 문제를 하나의 대안으로 읽는 것은, 물론 또 하나의 대안적 해결책을 낳는다. 즉, 신학을 하나의 이론적, 혹은 '과학적' 연구로 적절히 간주함으로써 신학 커리큘럼에서 단순히 실천적 연구는 무엇이든지 간에 모조리 삭제하게 될 것이며, 그 결과로 실천적 연구는 목회자를 훈련하는 기관에 일임해서 격하시킬지도 모른다. 이런 해결책을 지지하는 이들 역시 있었다).

두 번째, 보다 더 일반적 문제는 '이론'과 '실제'는 본질적으로가 아니라, 불행하고 우발적으로 서로 무관한 것으로 생각할 때 발생한다. 이론 지식은 실제와 관련이 있거나, 반드시 관련이 있어야만 한다. 실천을 심사숙고하기 위해서 "일이 진행되는 어떤 방법"에 대한 이해가 필요한데, 이른바 이론 과목이 만들어내려는 것이 이런 이해다. 문제는 이론 과목이 이런 이해를 산출하지 못한다는 사실, 아니 이론 과목이 만들어낸 이해가 실제에 영향을 미치기에 적절치 않다는 사실에 있다. 이론 지식은 원론적으로 볼 때 실제에 무관한 것이 아니다. 무관하다면, 그 무관성은 이론 지식이 실천 영역으로부터 소원해진 탓으로 생기는 불행한 결과다. 이론과 실제 문제의 두 번째 설을 주장하는 이론가는 프랜시스 베이컨[Francis Bacon](1561~1626)이 말하는 '철학자'와 같은 사람인데, 이 철학자는 "상상해서 만든 공화국을 위해 상상의 법률을 만들어내는데, 그가 내거는 담화는 하늘에 너무 높이 떠 있어서 거의 빛을 발하지 못하는 별과도 같다."[14] 이 학설이 부적당하다고 보는 두 가지 주요한 설명이 유행한다(베이컨의 진술이 이 두 설명에 대한 힌트를 준다). 첫 번째 설명에 따르면, 이론이 지나치게 높은 수준으로 일반화된 채 작용하는 것이 문제다. 실천 영역은 복잡하고, 다양하고, 계속 변화하지만, 이론은 현실을 지나치게 매끈하고 단순하게 설명하기 때문에 아무짝에도 쓸모가 없다. 이론은 현실을 정확히 반영하지도 못하고, 복잡한 세상에서 어떤 일을 실천하는 데 유익한 지침도 제시하지 못한다. 두 번째 설명에 따르면 이론은 현실적인 것이 아닌, '이상적인 것'을 다룬다는 점에서 문제가 된다. 이론은 경험 현실에 의해서 알려지지 않고, 경험 현실 위에 단지 강요될 뿐이다. 이론은 사실의 영역이 아닌, 사유의 영역에서 비롯된 것이다. 사유는 좋은 것일 수 있고, 이론도 경탄할 만하겠지만, 사실은 다루기가 어려운 완고한 것이다. 어떻게 해서든지 이론을 실제 상황에 꿰맞출 수 없을 때, 이론은 아예 실행 불가능한 것으로 치부돼 묵살될 위험이 있다.

　문제가 일반적인 것과 특수한 것의 관계든지, 아니면 이상적인 것과 현실적인 것의 관계든지 간에, 문제를 해결하는 방법은 대체로

---

14 L. C. Knights, *Explorations* (New York: New York University Press, 1964), 115에 의해 인용됨.

어떤 종류의 중재 형식, 즉 이론과 실제 사이에 생긴 간극을 메우고자 양자 사이에 무엇인가 개입돼야만 하는 것으로 생각한다. 이론이 가지는 소원성은 반드시 극복돼야만 한다. 어쩌면 이론가는 자신의 이론이 전달하려는 특수한 상황에 친숙해져서 이론 자체를 좀 더 적실성이 있는 것으로 만드는 방법을 배울 필요가 있을 것이다. 어쩌면 몇 가지 중재 원칙, 즉 이론과 실제 사이의 절충안을 발견할 필요가 있을지도 모른다. 흔히 이런 중재나 다리 놓는 과제는 실천신학에 속한 것으로 가정된다. 다시 말해 실천신학의 과제가 이론 과목의 결과를 실천 원리로 번역해내는 데 있다고 생각한다.[15]

이제 이론과 실제 문제의 세 번째 학설을 언급해야만 하겠다. 이 설은 어떤 점에서 앞에서 말한 두 가지 설과 겹치지만, 그 나름대로 독특한 동기와 특징을 갖는다. 세 번째 설에서 이론의 문제점은 이론의 목적이나 이론을 적용하는 데에서 오는 난점이 아닌, 이론의 출발점에 있다. 세 번째 설을 신학적으로 가장 저명하게 표현한 것은 ― 이론-실제의 용어를 전혀 사용하지 않았음에도 불구하고 ― 이 상황과 연관이 있다. 이 신학적 표현의 공통점은 하나님이 알려지기 원하시는 시간과 장소에서 하나님을 알아야만 한다는 사실에 있다. 하나

---

15 훨씬 더 중재하는 단계들을 제공하는 다른 시도들이 있다. 존 맥쿼리(John Macquarrie)에게 "구체적인 실존에 대한 신앙 표현"에 관한 신학적 원리를 만들어내는 작업은 '응용 신학'(applied theology, 조직신학의 한 분과)이 해야 할 과제다. 그런 뒤 이 원리들은 ―짐작건대 훨씬 더 구체적 형태의 반성이 일어나는 '실천신학'을 포함하는― 더욱 전문화된 과목들을 집합해 놓은 쪽으로 이월돼야만 한다. John Macquarrie, *Principles of Christian Theology*, 2nd ed. (New York: Charles Scribner's Sons, 1977), 40.

님을 아는 지식에 이르는 적절한 길과 이에 따른 적절한 신학의 형태는 또 다른 사유 방법—이것을 '사변'이나 '철학', '이론'으로 부르든지 간에—으로부터 구별될 수 있다. 이런 사유 방법은 늘 그렇듯이 보편적인 것을 선호한 나머지 특수한 것을 무시하거나, 개인적으로 적절히 참여하는 대신에 '초연함'을 강조함으로써, 이 조건을 묵살한다. 마르틴 루터가 "십자가의 신학"과 "영광의 신학"을 구분한 것이 세 번째 유형의 고전적 사례다. 하나님은 "십자가 아래 있는" 사람에 의해서만 알려질 수 있다. 다시 말해 그리스도의 십자가 안에서 하나님을 볼 수 있게 하는 고난에 우리가 기꺼이 동참할 때만 하나님이 알려질 수 있다. 십자가와 고난을 싫어하는 "영광의 신학자"는 하나님을 알 수 없고, 참된 신학자도 아니다.16 블레즈 파스칼Blaise Pascal (1623~1662)의 「비망록Mémoriale」에 나오는 저 유명한 말, "철학자나 신학자의 하나님이 아닌, 아브라함과 이삭과 야곱의 하나님"이 또 하나의 사례를 적시한다. 보다 최근에 바르트가 하나님에 관한 일체의 '자연적' 지식도 거부하고, 오로지 예수 그리스도 안에서 하나님의 자기 계시에 근거한 신학을 주창함으로써 이 주제를 한층 더 밀고 나갔다(이 점에서 바르트는 흔히 슐라이어마허를 자신의 주적으로 여겼지만, 슐라이어마허는 바르트와 마찬가지로 나름의 방법으로 기독교 신학이 일체의 '사변적' 사고를 피하고, 예수 그리스도 안에서 성취된 것에 근거해야만 한다고 역설했다).

---

16 *Luther: Early Theological Works*, ed. and tr. James Atkinson, *Library of Christian Classics*, Volume XVI (Philadelphia: Westminster Press, 1962), 특히 290-292에 있는 루터의 하이델베르크 논쟁을 참조하라.

이론과 실제에 대한 세 학설
① 이론과 실제는 그 **본질**에서 서로 무관하다.
② 이론이 지나치게 추상적이고 이상적으로 작동함으로써 **불행하고 우발적으로** 실제에 소원하게 된다.
③ 이론이 '사변'이나 '철학'과 같은 영역에 집중함으로써 온몸으로, 즉 실존적으로 참여하는 길을 막는다.

이론이 앞에서 말한 사상가들이 '사변'이나 '철학' 등으로 다양하게 지칭한 것을 의미한다고 할 때, 이런 이유로 신학에서 이론과 실제 문제는 —어떤 신학이 하나님의 자기 계시를 신실하게 전유專有하지 않은 상태에서 나왔기 때문에 그 신학이 어떤 것이든지 간에 진정한 의미의 기독교 신학이 될 수 없는 형태의 신학이 되고 마는데— 이런 형태의 신학에 의해 기독교 실제에 대한 지도를 받고자 할 때 발생한다. 물론 이 문제를 더욱 자세히 설명하는 일은 **진정한 신학이** 어떤 것을 의미하는가에 대한 우리 자신의 이해에 따라서 다양한 형태가 될 수 있다. 이 문제를 해결하는 방법은, 다시금 대충 말해서, (두 번째 설에서와 같이) 이론과 실제 사이에 다리를 놓는 데 있지 않고, (첫 번째 설에서와 같이) 이론을 아예 폐기하고, 보다 더 적절한 반성 양태를 찾아내는 데 있다.[17]

---

17 물론 이론-실제의 이분법 용어를 사용하는 모든 사람이 이론이나 실천이 도대체 무엇을 의미하는지에 대해서 명확한 생각을 하고 있는가 하는 문제는 절대 선명하지 않다. 이 용어에 대한 일반 용법이 모호하고 일관성이 없다는 사실 때문에 여기에서 어려움은 한층 더 심각해진다.

이론과 실제에 관해서 지금까지 설명한 세 가지 설들(의심할 나위 없이 이밖에도 다른 설들이 있다)은 몇 가지 주제를 함께 나눈다. 즉, 이론은 흔히 일반적이고, 고립되고, 초연한 것으로 특성화된다. 이론은 보편성을 갖는 것처럼 자부한다. 이론은 특수한 것을 멸시한다. 이론은 자신의 한계에 대해 눈이 멀다. 이론의 실용 가치는 기껏해야 문제의 소지가 있을 뿐이다. 의심할 여지 없이, 과거와 현재의 수많은 신학 작업—특히 조직신학의 신학 작업—은 이런 용어 표현을 통해 공정하게 기술될 수 있다. 이 점에 있어서 신학 작업은 하나의 '이론'이 되고 말았다. 신학 작업이 왜 그처럼 이론이 돼버렸을까? 신학 탐구의 차원에 어떤 내재적으로 고유한 '이론적' 특성이 있기 때문일까? 아니면 신학 탐구를 추진해온 과목과 커리큘럼 배치가 신학 탐구의 기본 원리를 지나치게 왜곡한 나머지, 실상은 본연의 신학 탐구에 애당초 없던 문제—즉, 사실에 있어서 '이론과 실제 문제'로 잘못 기술된 문제—를 만들어낸 까닭일까? 앞에서 말한 두 번째 제안이 진실에 더 가깝다. '이론과 실제'라는 용어는 문제의 본질을 은폐했으며, 이렇게 은폐함으로써 문제를 더욱 꼬이게 만들어버린 것이다.

수 세기에 걸쳐서 인습적으로 신학 과목을 이론 과목과 실천 과목으로 구분한 것은 심각하게 잘못된 것이다. 이런 식으로 구분함으로써 실천신학 본연의 이론적 측면을 은연중에 부인하고, 이와 동시에 다른 이론 신학 과목이 이론적인 연구 작업이라는 사실의 정도를 지나치게 과장하게 된다. 이런 구분은 현실을 호도하는 것으로 그치지 않고, 이 구분이 갖는 스스로의 이미지를 따라서 자신을 이리저리 변형시키기도 한다. 다시 말해 이처럼 이론적인 것과 실천적인 것의 구분이 신학 탐구와 신학 교육의 특수한 형식으로 구체화될 때, ―또한 신학의 학과목적인, 교과 과정의 구조가 나름대로 자신의 타당성을 찾게 될 때― 이 구분은 자기충족적인 것이 되고 만다. 이렇게 될 경우, 역사신학과 철학적 신학은 실천신학이 이 두 신학 연구를 위해 제공해야만 하는 자원을 전혀 사용하지 않게 된다. 그리하여 역사신학과 철학적 신학의 탐구가 다루는 범위가 왜곡된 이해로 이끌리게 될 뿐 아니라, 이 왜곡된 이해로 말미암아 실천신학이 자신의 탐구를 위해 필요한 역사신학과 철학적 신학의 자원을 활용하는 것을 어렵게 하는 식으로 인위적인 제한을 받게 된다.

  3장은 신학 탐구의 세 주요 구성 요소 ―즉, 역사신학과 철학적 신학, 실천신학― 사이의 완전한 상호작용을 촉진할 목적으로 신학 탐구를 위한 하나의 구조를 제시했다. 이 구조에서 실천신학이 역사신학과 철학적 신학에 의존한다는 사실뿐만 아니라, 역사신학과 철학적 신학도 서로에게 의존하고, 다시 이 두 신학이 실천신학에도 의존한다는 사실을 확실히 밝혔다. 이 세 신학 탐구는 순서의 흐름을 따라 배열된 세 단계나 국면으로서가 아니라, 상호관계성 속에 있는 세 차원으로서 묘사됐다. 세 신학 탐구가 서로에게 의존하고 있다는 사실은, 이 세 신학 탐구 각자가 관계된 동류 세속적 탐구에 이미 명확히 나타나 있으며, 각 신학 탐구의 현저히 신학적 국면에 도달할 때마다 더더욱 심각해진다. 이제 이 상호의존성을 더욱 자세히 들여다볼 차례다. 이렇게 하려면 이 상호의존성의 역동적 상황을 만드는 또 다른 관계성을 기술할 필요가 있다. 이 관계성은 '통시력統視力 /vision'과 '변별력辨別力/discernment'으로 불리는 신학 탐구의 두 가지 계기 나 양상 사이의 관계성이다. 통시력과 변별력의 계기는 역사신학과 철학적 신학, 실천신학의 각 탐구 차원에 다 속하는데, 이런 신학 탐 구의 세 차원이 이 책에서 '조직신학'으로 명명한 반성 양식에서 자 신의 통일성을 찾게 되는 것은 바로 이 통시력과 변별력을 실현할 때이다.

'통시력'과 '변별력'은 의심할 여지 없이 지적 행위를 나타내는 시 각적 비유인데, 통시력은 직접적으로 시각적이고 변별력은 오랫동 안의 연상작용으로 시각적이다. '통시력'은 —이에 상응하는 고전 개 념인 '이론'과 마찬가지로— 다양한 자료나 대상의 분야를 일반적이 고 공관적共觀的으로 이해하는 것을 가리킨다. 하나의 '개관', 사물의 총체성과 연관성을 염두에 두고 사물의 전모를 파악해내는 것, 연관 성을 보는 것(철학자 셀라스를 다시 한번 인용한다면, "사물들이 어떻게 서로 일치하는지"를 보는 것)이다. 매튜 아놀드Matthew Arnold(1822~1888) 가 소포클레스Sophocles(497 BC~406 BC)가 "인생을 꾸준히 봤고, 인생 전체를 봤다"라고 말했을 때, 아놀드는 소포클레스가 특출한 통시력 을 지녔음을 인정했으며, 이 통시력을 소포클레스의 "균형이 잘 잡 힌 영혼"과 연결했다고 볼 수 있다.[18] 소포클레스는 삶에서 발생하는 사건을 하나의 양식pattern으로 직조해냈으며, 그 결과 이 사건이 다

---

18 Matthew Arnold, "To a Friend," *The Poems of Matthew Arnold*, ed. Kenneth Allott (New York: Barnes & Noble, 1965), 104-105.

함께 통전적으로 의미가 통해졌다. 모든 일이 소포클레스가 처한 상황에 맞아떨어졌고, 이 일은 단지 설명할 수 없는 경이로운 일의 연속으로 그치지 않았다.

다른 한편으로 '변별력'(변별력의 경우, '통시력'의 경우처럼 친숙한 헬라어로 된 상응 개념은 없다. 신약에 간헐적으로 등장하는 eisthesis라는 말이 ―예컨대, 빌 1:9, 히 5:14― 변별력이 의도하는 의미의 상당 부분을 공유한다)은 특별한 사물에 대한 통찰력이나, 이 사물이 처한 특수한 상황에 대한 통찰력을 가리킨다. 다시 말해 통시력이 전체를 본다고 한다면, 변별력은 개별적인 것을 파악하고, 차이점을 인식하는 것이며, 종합하기보다는 식별하는 것이다(통시력이 숲 전체를 하나의 큰 눈으로 전일적으로 조망하고 통전하는 거시적 능력이라고 한다면, 변별력은 그 숲 안에 있는 다양한 초목들을 예민한 촉수로 섬세하게 가려낼 수 있는 미시적 능력이라고 할 수 있다_옮긴이 주). 본래 "가려내다", 따라서 "구별하다"의 뜻을 지닌 라틴어 *discernere*가 변별력을 이렇게 사용할 때의 요점을 잘 전달해 준다.[19]

---

19 아무래도 필자는 다음의 사실을 분명히 해야 할 것 같다. '통시력'과 '변별력'이 본서가 이 용어들에 부여한 것처럼 분명히 비유적 의미를 흔히 갖고 있다고 할지라도, 필자는 이 구별을 어원론적으로나 역사학적으로 규명하려고 시도하지 않는다. '통시력'이나 '변별력'에는 다양한 용법이 있고, 어떤 경우에는 두 말이 동의어가 되기도 한다. 우리는 이론(*theoria*)이라는 말(혹은 다른 어떤 용어라고 할지라도)의 고어체적 어법을 조사함으로써, 이 용어가 "진정으로 무엇을 의미하는지"를 알아내고자 하지는 않을 것이다.

'이론'과 '실제' 도식을 극복하기 위한 대안으로서의 통시력과 변별력	
① '통시력vision'	숲 전체를 하나로 통전시키는 능력, 고슴도치의 **거시적** 안목, **구심적**求心的 경향
② '변별력discernment'	숲 안에 있는 다양한 초목들을 섬세하게 가려내는 능력, 여우의 **미시적** 안목, **원심적**遠心的 경향

다른 모든 비유와 마찬가지로 통시력과 변별력의 비유는 시사적 示唆的인 동시에 오도될 수 있다.[20] 하지만 통시력과 변별력의 구별을 발전시킬 수 있는 좋은 방법이 있다. 이사야 벌린Isaiah Berlin(1909~ 1997)은 톨스토이Leo Tolstoy(1828~1910)에 관해 쓴 유명한 논문에서 두 부류의 사상가를 구별해내고자 헬라의 서정 시인 아르킬로쿠스 Archilochus(680~645 BC)의 시 중에 한 행—"여우는 많은 것들을 알지만, 고슴도치는 단 하나의 큰 것을 안다"—을 비유적으로 사용한다. 고슴 도치형 사상가는 "모든 것을 단 하나의 일관된 비전에 연관시키는" 사람인 반면에, 여우형 사상가가 생각하는 것은 "산만하고 이리저리

---

20 이런 시각적 비유들의 가장 심각한 불이익은 —다음의 설명이 보상하고자 하는 불이익은— 의심할 나위 없이 이 비유들이 나타내는 지적 행위의 비판적 특성을 모호하게 만 드는 경향이다. 이 용어들로 필자가 지시하는 과정은 "시각적으로 보고 있는" 어떤 본 능 행위가 아니라, 탐구나 판단의 논증적인 과정이다. 때때로 노련한 재판관은 어떤 지각적 본성을 갖게 될 판단 행위—이 판단 행위의 반성적 특성에도 불구하고—에 대 한 제안을 하거나, 어떤 상황에 대해 매우 신속한 평가할 수도 있다. 다른 경우에 하나 의 판단으로 이끄는 과정은 조사나 심사숙고, 혹은 시험하는 과정 가운데 하나가 될 더욱더 명백한 가능성이 있다. 어떤 경우든지 간에 이런 설명에서 통시력과 변별력은 본능적 지식의 신비한 힘이 아닌, 3장에서 서술한 종류의 비판적 탐구를 통해서 판단 들을 내리고 판단들을 시험하는 행위로 이해돼야만 한다는 사실을 강조하고 싶다.

흩어져 있으며, 여러 가지 수준으로 계속 움직여 나가며, 엄청나게 다양한 경험과 대상의 본질을 이 경험과 대상의 본연의 모습 그대로 포착해낸다…"21 이처럼 우리는 고슴도치가 통시력을 전문으로, 여우는 변별력을 전문으로 한다고 말할 수 있다. 벌린은 이 두 형태의 사고방식을 두 인격 유형과 연관시킨다. 벌린은 적어도 이 두 가지의 극단적 대표자에서 양극단 사이의 "크나큰 간격"을 발견한다. 이 두 경향성을 연결시키고자 투쟁하는 —두 가지가 서로 정반대처럼 보이는 까닭에 하나의 투쟁으로 볼 수 있는데— 인생을 사는 사람들(톨스토이와 같이)이 있다. '통시력' 쪽으로 기우는 경향성은 개별적인 차이점을 경시하도록 만들고, 구별하는 것을 어렵게 만들고, 어쩌면 그 어떤 조화도 선뜻 발견해낼 수 없는 곳에서 억지로 조화를 강요하도록 이끈다. '변별력' 쪽으로 치우치는 경향성은 지각과 경험을 분화시키고, 일관성이 모자라게 하고, 우리가 주의를 집중하는 특별한 대상 사이의 관계성을 무시하도록 이끈다. '고슴도치'와 '여우'라는 벌린의 강력한 이미지에서,22 고슴도치(통시력)는 구심적求心的이고, 여우(변별력)는 원심적遠心的이다(통시력은 안으로 파고들려고 하기에 편집적이고, 변별력은 밖으로 튀어나가려고 하기에 산만하다 _옮긴이 주).

벌린이 두 가지 지성 행위를 두 가지 심리학적 경향성과 인격 유형과 연관시킨 것은 타당성이 있어 보인다. 우리 대부분은 자신의 인격 안에 통시력과 변별력 둘 중 어느 하나가 우세하다는 사실을

---

21 Isaiah Berlin, *The Hedgehog and the Fox: An Essay on Tolstoy's View of History* (New York: New American Library, 1957), 7-8.

22 Berlin, *The Hedgehog and the Fox*, 8.

인식할 수 있으며, 이 우세가 초래하는 좋거나 나쁜 결과를 지적할 수 있고, 얼마든지 이 우세를 활용하거나 교정할 수도 있다. 통시력과 변별력 행위의 심리학적 뿌리와 이 뿌리에 수반되는 부수물이 중요한데, 다음 장에서 이 문제를 좀 더 논하게 될 것이다. 여기에서는 이 행위와 신학적 반성을 할 때 이 행위가 하는 역할에만 집중할 필요가 있다. 신학적 반성은 통시력과 변별력의 변증법적 관계를 수반한다. 우리는 통시력과 변별력이 무엇을 포함하는지, 양자가 어떻게 관계되는지, 통시력과 변별력이 어떻게 역사신학과 철학적 신학, 실천신학의 세 탐구를 하나로 통합해내는지를 이해할 필요가 있다.

기독교 신학에서 "통시력"이 비유적으로 표현하는 행위는 —통시력의 가장 포괄적 의미로— 기독교 증언을 하나의 전체로서 일관되게 이해하려는 시도다. 신학 과제의 통시력적 계기는 흔히 "이론적" 사고가 의미하는 특징과 매우 밀접하게 연관된다. 기독교 증언을 전체적으로 설명하려고 할 때, 신학자는 기독교 증언의 타당성이라는 복잡한 문제에 하나의 해답을 내놓기 위해 기독교 증언의 내용을 발견하고 해명하는 데 매우 유망한 것처럼 보이는 자원은 무엇이든지 다 활용하려고 할 것이다. 신학 탐구를 구성하는 각 요소의 이런 '이론적' 계기는 이와 같은 이론적인 연구 작업을 위해 신학적 탐구에 상응하는 세속적 탐구가 제공하는 자원을 비판적으로 활용하게 될 것이다. 예컨대, 기독교 증언의 진리 문제에 응답하려는 신학적 설명의 경우, 이런저런 방법으로 기독교 증언이 개진하려는 진리 주장의 조건을 탐구하는 것을 목표로 삼는, 광범위한 철학적 탐구와 만남으로써 이뤄질 것이다. 우리 시대와 같은 철학적 다원주의 시대에는 기독교 증언이 실재實在를 있는 그대로 표현하는 것으로서 여겨진, 널리 유행하는 형이상학적 체계와 일치하는가를 보여 줌으로써 기독교 증언의 타당성을 입증하는 것이 철학적 신학의 과제가 아니라는 사실이 분명해졌다. 되려 이 과제는 기독교 증언의 합리성—즉, 기독교 증언이 의미하는 방법, 기독교 증언의 다양한 진리 주장의 특성과 관계성, 기독교 증언이 삶 전체를 이해하는 맥락으로서 기여하려는 방법—을 탐구하고 보여 주는 데 있다(기독교적 '통시력'을 어떤 자원을 갖고 어떻게 가장 그럴듯하게 해석할 수 있는가의 문제는 아직 해결되지 않았으며, 그렇게 해결되지 않은 채 남을 가능성이 있다).

기독교 증언의 진정성이라는 역사적-신학적 질문에 대해서는, 기독교 증언에 대한 일체의 포괄적 설명을 하기 위해서 기독교 증언이 **규범적으로 기독교적인 것**을 표현한다고 주장할 타당성이 있다. 이 규범을 밝히는 과제뿐만 아니라 이 규범과 제시된 신학적 설명 사이의 연관성을 확립하는 과제를 수행하기 위해서 "역사의 이론적" 질문으로 부를 수 있는 것에도 어느 정도 주목할 필요가 있다. 역사의 이론적 질문이란 다음과 같다. 우리는 정말 과거에 접근할 수 있을까? 수백 년이나 지난 사건이나 문서가 현재에 규범적 의미가 있는 것처럼 주장하는 것이 도대체 이해가 되는가? 기독교 증언의 통일성이나 일관성이라는 것이 과연 있기나 한 것이며, 이와 관련해서 하나의 '기독교 전통' 같은 것이 과연 존재하는 것일까? 이와 관련된 일부 질문은 그 특성상 방법론적이다. 이밖에도 기독교 역사를 하나의 전체로 읽는 것에 더욱 가까운 무엇인가를 요구하거나, "규범을 정하는 것"을 "규범화된 것"과 연결하고, 진정성의 현재 주장의 근거가 되는 전통화의 과정을 설명할 것을 요구하는 질문이 있다.

적어도 조금 전에 언급한 두 가지 구성 요소가 관계된 한, 우리는 신학적으로 반성할 때 '통시력'의 계기와 무척 익숙한 편이다. 이 통시력의 계기는 전통적으로 '조직신학'으로 지칭한 연구 작업―즉, 기독교 신앙의 내용을 합리적이고 책임적으로 설명하려는 역사적-철학적 연구 작업―과 꽤 잘 부합된다. 최근 일부 신학자들은 현재의 신학 구조에 실천적-신학적 차원에 들어맞는 제3의 요소―즉, 기독교 증언의 내용을 반성할 때 사회과학적 자원을 활용하는 것―를 포함해야 한다고 주장하기 시작했다.[23] 사회과학적 자원을 활용하는 것이 실천신학에 일반화됐지만, 이 자원이 조직신학에도 무엇인가를 기여할 수 있다는 생각은 비교적 생소하다. 사회과학적 자원을 신학에 활용하는 방안은 ―부분적으로 기독교 증언의 모든 이해와 이 이해의 모든 설명이 사실상 수많은 방식으로 정치사회적 정황에 따라서 조건화된다는 사실을 점점 더 인식함에 따라서― 촉구되고 있다. 조직신학에 '실천적' 요소가 있다는 사실을 인정하든지 인정하지 않든지 간에, 분명히 실천적 요소는 작용하고 있다. 이런 실천적 요소를 인정하지 않을 때, 이 요소는 이념적 기능을 할 수 있다. 다시 말해 신학자의 사회적 형편(계층, 경제 지위, 성, 인종, 국적 등등)이 신

---

23 예컨대 Friedrich Mildenberger, *Theorie der Theologie: Enzyklopädie als Methodenlehre* (Stuttgart: Calwer, 1972), 64-71: Robin Gill, *Theology and Social Structure* (London: Mowbrays, 1977)를 보라.

학자 자신도 의식하지 못한 채 기독교 증언에 대한 자신의 이해나 해석을 형성하는 데 ―대개는 왜곡하는 데― 영향을 미치게 된다. 신학자의 심리적 환경이 사회적 환경과 구별되는 한, 심리적 환경에 대해서도 똑같이 많은 것을 말할 수 있다. 즉, 개인적 두려움이나 금기 사항, 편견, 어떤 일에 대한 과도한 집착과 같은 심리적 요소는 우리가 복음을 이해하는 데 큰 영향을 미친다. 이런 요소의 특성과 영향력을 간과할 때, 우리는 근거 없는 부당한 보편성을 우리의 사고와 경험 탓으로 돌리게 된다. 우리는 또한 우리의 고유한 기독교 증언 형태가 기독교 증언이 전달되는 상황에 끼치는 실제 효과에 무지할 수도 있다. 복음을 설교하는 것과 여러 다른 형태로 기독교 증언을 하고 기독교적 행위를 하는 것은 ―예컨대, 불의에 직면할 때 저항하기보다는 순응할 것을 권장한다든지, 아니면 기존의 정치경제 질서를 하나님이 정해주신 것으로 해석한다든지 해서― 어떤 특수한 정치경제적 이해관계에 흔히 부응해 왔다. 간혹 설교자는 자신의 설교가 이처럼 특정 이해관계에 이바지해 온 사실을 의식했으며, 이렇게 기여하는 과정에 적극적으로 참여하기도 했다. 그런가 하면 설교자가 타인에 의해 일방적으로 이용당한 적도 있었다. 복음의 해석이 사회적으로 어떤 기능을 하는지, 어떤 형태의 증언 방법을 사용하는지에 대해서 누구나 비교적 의식하지 못한 적도 있었다. 좌우지간, 어느 정도로 의식하고 했든지 간에 기독교 증언이 사전事前의 사회적이고 개인적 이해관계에 따라 수행됐을 때의 결과와 기독교 메시지의 진정한 의도 사이에는 언제나 긍정적인 상관성이 있었던 것은 아니었다.

　사회과학의 이론적 자원과 이와 관련된 탐구는 현시점에서 신학에 매우 필요한 일종의 '실천적 통시력'을 위한 자료를 공급해준다. 이 자료는 자신과 자신이 처한 사회적 상황, 자신의 충성심 등등을 이해하는 데 이바지하게 되는데, 이런 이해로 말미암아 우리가 신학적 사고를 하고 기독교 증언을 수행할 때 숨겨진 요인이 있다는 사실과 이런 잠행요인潛行要因이 끼치는 영향력을 간파하게 된다. 인격과 사회에 대한 광범위한 이론뿐만 아니라 몇몇 분야에 더욱 초점이 집중된 연구(심리학과 종교 사회학, 지식 사회학, 이데올로기 연구, 의사소통 이론 등등)는 신학과 증언이 수행되는 상황에 대한 보다 더 명확하고 포괄적인 비전을 발전시켜나가는 데 유익할 것이며, 그 결과 신학과 증언을 이 신학과 증언이 처한 상황에 한층 더 세심한 주의를 기울이면서 더 신중하게 수행할 수 있게 된다.

　이론적 사유를 통시력을 배양하고 통시력을 실행하는 것으로 이해할 때, 세 기본 신학 과목은 각기 고유한 '이론적' 계기를 갖는다. 조직신학은 조직신학 특유의 통합하는 과제를 수행하면서 세 과목이 서로 대화하도록 유도한다. 조직신학은 이 세 과목을 독특하게 구성하는 질문 모두를 하나로 융합하지 않으면서, 세 탐구 양식 각자가 다른 두 탐구 양식에 어떤 빛을 던져주는가를 발견해내고자 한다. 각 탐구의 이론적 측면이 관계된 한, 이 사실이 의미하는 것은 예컨대, 인간 행위에 대한 사회-과학적 설명(문화 인류학적 설명과 같이)이 어떻게 역사적 탐구를 이해하기 쉽도록 조명해주는가를 묻는 것이고, 사회과학적 설명과 역사적 탐구가 기독교 전통의 의미와 진리를 묻는 철학적 질문과 어떻게 관련되는지를 묻는 것이다.[24] 전통에 대해서 통시력을 품는 각각의 방식—즉, 철학적, 역사적, 실천적 통시력 갖기의 방식—은 다른 두 가능성을 끌어내거나, 각자가 "환원주의적 독서"로 기우는 경향성에 도전하는 쪽으로 사용된다.

이론적 수준에서 볼 때 이런 상호보완과 교정에는 분명한 가치가 있다. 그러나 신학이 통시력의 수준에만 머물러 있는 한, 분명히 내재적 위험이 도사린다. 기독교 증언은 자신을 하나의 비전(통시)으로서, 즉 그 (궁극적 상황) 안에서 인간의 삶과 모든 현실을 적절히 이해하기 위한 궁극적 상황을 만드는 것으로서 자신을 분명히 표현하는 하나의 태생적이고 이해할 만한 경향성을 갖는다. 우리는 일찍부터 만물이 그리스도 안에서 함께 섰다는 사실을 성경 말씀에서 듣는다(골 1:17). 여기에서 "함께 선다"라는 사실이 무엇을 의미하는지를 해명하는 것이 지속적으로 기독교 신학 탐구의 주요 목적이 돼 왔다. 이것은 전적으로 적절한 관심이자 과제이지만, 내재적 위험성을 갖기도 한다. 니콜라스 래쉬[Nicholas Lash](1934~)는 최근 한 논문에서 이런 위험성 몇 가지를 지적했으며, 기독교인들이 무엇인가를 설명할 때

---

24 역사적이고 사회-과학적인 연구를 철학적으로 사용하는 한 가지 사례를 보고자 한다면, Stephen E. Toulmin, "From Logical Analysis to Conceptual History," in *The Legacy of Logical Positivism: Studies in the Philosophy of Science*, ed. Peter Achinstein and Stephen F. Barker (Baltimore: Johns Hopkins Press, 1969), 25-53을 참조하라. 신학을 연구하는 데 역사와 사회-과학, 철학이 어떤 상호작용을 하는지는 George Lindbeck의 *The Nature of Doctrine* (Philadelphia: Westminster Press, 1984)와 같은 책에 잘 예시돼 있다.

"오로지 자신에게만 몰두하는" 특성과 이 위험성을 연관시켰다. 그 중에 한 위험성이 —우리가 만드는 담론이 "우리가 아는 것 이상으로 훨씬 더 심각하게 이 담론을 생산하는 주변 환경에 영향을 받게 됨으로써" 생기는— 이데올로기적 왜곡의 위험성이다. 두 번째 위험성은 특수한 것을 보편적인 것으로 오해하는 경향성인데, 보편적 타당성을 우리의 통시력 탓으로 돌리는 경향성이다. 세 번째 위험성은 —하나의 설명을 할 때 반드시 자료를 평가하고 정리하는 것이 요구되는 한— 지어낸 설명을 할 위험성이다. "우리가 이야기를 만들어내지 않는다면, 우리의 무상無常한 실존을 이해할 수 없다. 하지만 무상한 인간 실존이 이해가 '되어야만' 하겠기에, 이야기를 만들어낼 수밖에 없다는 사실은 그 이야기의 진실성을 위협한다." 네 번째 위험성은 앞에서 말한 위험성과 연관된 것인데, 경험의 모호성과 비극성을 그럴듯하게 얼버무리고 은근슬쩍 넘어가려 하고, 우리의 상황이 보증하는 것 이상으로 하나의 **완결된** 설명을 제시하려는 유혹이다(여기에서 후자의 위험성이 루터가 "영광의 신학"에서 본 위험성에 가장 가까울 것이다).25

이처럼 '통시력'에 본래부터 내재한 위험성을 어떻게 대처해야 할까?(이 위험성은 흔히 본질에서 '이론'에 전가된 약점이라는 점을 주목

---

25 Nicholas Lash, "Ideology, Metaphor and Analogy", in *The Philosophical Frontiers of Christian Theology: Essays Presented to D. M. MacKinnon*, ed. Brian Hebblethwaite and Stewart Sutherland (Cambridge: Cambridge University Press, 1982), 74-75. 이와 비슷한 고려 사항이 Thomas H. Groome, *Christian Religious Education: Sharing Our Story and Vision* (New York: Harper & Row, 1980), 194-195에 나타난다.

할 가치가 있다). 이 위험성을 교정할 수 있는 것은 무엇일까? 위에서 논한 통시력의 세 주요 접근 방법—역사적, 철학적, 실천적 접근 방법—에 대한 상호비판이 한 가지 교정 방법을 제공한다. 그러나 또 하나의 교정 방법이 있는데, 이른바 변별력이 제공하는 교정법이다.26 이 점에서 이론이나 통시력에 상응하는 적절한 대위對位는 '실천'이 아니라 변별력이다. 이론-실천의 관계성에 과도하게 몰두함으로써 본서에서 다루는 논점에 대한 많은 사고를 그릇된 방향으로 몰고 갔다. 우리가 나중에 살펴보겠지만, 통시력과 변별력 모두는 실천에 영향을 받고, 거꾸로 실천에 영향을 미친다. 이와 동시에 통시력과 변별력 모두가 —통시력 (혹은 '변별력') 한 가지만 그런 것이 아니라— 신학적 반성을 구성한다. 신학은 단순히 '이론'이 아니다. 그렇다고 해서 신학은 '이론과 실천'을 합한 것도 (그 어떤 반성 행위도 하나의 실천이라는 의미는 제외하고서) 아니다. 신학은 이론이면서 ('통시력'이라는 의미에서) 변별력이다. 신학에서 가장 이론적 과목인 조직신학 역시 이 점에서는 예외가 아니다. 실로 통시력과 변별력의 변증법은, 조직신학이 그 접근법이나 목적에서 조직적이듯이, 조직신학의 "통시적 비전 갖기"의 계기가 "변별력을 갖게 하는 계기"에 의해 균형이 잘 잡힐 수 있는 것과 마찬가지로, 조직신학에 예시돼야만 한다. 이제 이것이 어떻게 가능한지를 살펴봐야만 할 것이다.

신학에서 변별력 행위는 기독교 증언의 한 특수한 사례—과거,

---

26 방금 인용한 논문에서 니콜라스 래쉬가 제시하는 두 종류의 교정 방법은 매우 똑같은 방향을 적시하고 있다. 즉, 래쉬는 사회 과학과 문학 비평이라는 "외부적 교정 장치"와 고통과 한계성을 체험함으로써 주어지는 "내적 교정 장치"를 말한다.

현재, 미래의 특수 사례—의 특성을 파악하고 평가하는 노력이다. 이것은 단지 우리가 기대하는 쪽으로 이끌려지기보다는, 그 상황에 진실로 무엇이 있는가를 있는 그대로 보고자 하는 노력이다. 변별력은 여러모로 통시력과 정반대다. 변별력은 종합적이라기보다는 분석적이며, 일반화시키기보다는 개별화시킨다. 변별력은 어떤 면에서 통시력이 요구한 것을 거부해야만 하고, 특수한 것이 목소리를 높이도록 고집해야만 하는데, 심지어 (어쩌면 특별히) 그 목소리가 통시력의 합창과 조화를 이루는 것을 거부할 때조차도 그렇다. 변별력은 래쉬가 서술한 것처럼 경험을 해석할 때 생기는 다양한 종류의 경향성을 극복하고자 할 때의 실천적 노력을 요구한다.

신학 탐구와 관련된 세속 탐구의 경우처럼, 신학 담구의 각 차원에도 고유한 종류의 변별력이 있다. 이 변별력은 서로 뚜렷이 구별되지 않으면서 서로 보완하는 경향이 있는데, 심지어 우리가 어떤 이름을 붙일 필요가 있다면 '조직적 변별력'—다양한 요소가 상호작용을 일으키는 것에 주의를 기울일 때의 상황의 특성에 대한 다차원적 통찰력—으로 명명할 수 있는 것으로 통합시키는 경향도 있다. '역사적 변별력'이 있는데, 이것은 각각의 개별적 특성이나 사건을 단지 어떤 집합성이나 경향성의 한 경우로만 보지 않고, 특수한 것과 기발한 것을 볼 수 있으며, 심지어 '전형적인 것the typical'이 유형type으로부터 갈라지는 방법을 인식해낼 수 있을 정도다. 역사신학에서 이런 변별력 때문에 우리는 전통의 연속성과 불연속성 사이의 특유한 변증법을 인식할 수 있다. 다시 말해 때로 철저히 "이단적인 것의 정통성"이나, 아니면 누가 봐도 분명히 "정통적인 것의 비정통성"을 인식한다. 이와 관련된 변별력을 기르는 사람은 인공 언어가 아닌 자연 언어를 유창하게 말하는 사람이 그 자연어의 자원과 관련해서 소유한 자유와 마찬가지로, 기독교 전통의 자원과 관련된 자유, 즉 표현 가능성이 겉 보기에 혼란스러울 정도로 복잡하다는 사실을 분류해내는 자유나, 자신이 꼭 말하고자 의미하는 것만을 말하는 자유를 갖게 된다.

　역사적 변별력이 이처럼 유창한 말을 할 수 있는 한 가지 조건이 된다고 말하는 것이 더 정확할지도 모른다. 이것은 역사적으로 진짜 인 증언을 전달하기 위해서 우리는 이 증언을 받아들이는 청중이 이 해할 수 있도록 효과적으로 전달해야만 하므로 그렇다. 여기에서 "이해할 수 있고", "효과적으로 전달해야만 한다"라는 두 요구 조건 은 다른 두 신학 차원—즉, 철학적 신학과 실천신학—에서도 고유한 종류의 변별력이 필요하다는 점을 보여 준다. 철학적 변별력은 논리 적으로 예리하고 개념적인 식별력, 즉 개별 사례의 모든 세부 사항에 각고의 예민한 주의를 기울임으로써만 개발될 수 있고, 차이점을 알 아내는 감각 능력을 포함한다. 루트비히 비트겐슈타인Ludwig Wittgenstein (1889~1951, 철학적 변별력의 모범적 실행자로서 자신의 주요 저술물의 표 어로 [리어왕]의 다음과 같은 구절을 사용한 것으로 전해진다. "나는 너에게 차이점을 가르쳐 줄 것이다!")에 따르면,27 우리는 "일반성을 갈망하는

---

27 "일반성을 갈망하는 것"에 관해서는 Ludwig Wittgenstein, *The Blue and Brown Books*, ed, Rush Rhees (Oxford: Basil Blackwell, 1958), 17을 보라. 〈리어왕〉 에 대해서는 M, O'C. Drury, "A Symposium," in *Ludwig Wittgenstein: The Man and His Philosophy*, ed. K. T. Fann (New York : Dell Publishing Co., 1967), 68-69을 보라.

경향'과 투쟁해야만 한다. 비트겐슈타인은 주어진 개념이나 진술을 자세히 살펴볼 필요가 있음을 강조했고, 이 개념이나 진술의 의미를 밝혀내기 위해 그 사용법을 따라가고, 그 함축된 의미와 결과에 주의를 기울여야 할 필요성을 역설했다. "우리는 하나의 말이 어떤 기능을 하는지에 대해 추측할 수 없다. 우리는 이 말이 어떻게 쓰이는지 용법을 봐야만 하고, 이 용법으로부터 배워야만 한다."28 비트겐슈타인은 되풀이해서 다음과 같이 촉구했다. "생각하지 말고 쳐다보라!"29 만일 철학적 통시력(화이트헤드Whitehead, 1861~1947가 형이상학으로 특정한)이 적절한 일반 개념을 찾아내는 작업이거나, 아니면 "우리가 겪은 경험의 제반 요소를 해석하는 도구가 되는 바, 일반 개념의 일관되게 논리적이며 필연적인 체계를 만드는 시도"라고 한다면,30 철학적 변별력은 특수한 것을 이처럼 특수한 것으로 이해하고자 하며, 이 특수한 것의 특수한 의미를 파악하는 작업이라고 할 수 있다. 철학적 신학에서의 변별력은 기독교 증언이 유의미有意味하고 진실한 것이 되기 위해 반드시 따라야만 되는 조건을 일방적으로 명령하는 철학적 체계(형이상학적 체계든, 반反형이상학적 체계든, 그 어떤 체계든지 간에)의 횡포를 막아주는 주요한 교정 장치가 된다. 철학적 변별력은 사실에 있어서 기독교 증언의 개념과 주장이 어떤 기능을 하는지

---

28 Ludwig Wittgenstein, *Philosophical Investigations*, 3rd ed., ed. G. E. M. Anscombe and Rush Rhees, tr. G. E. M. Anscombe (New York: Macmillan Company, 1958), 109 (§66).

29 Wittgenstein, *Philosophical Investigations*, 31 (§66).

30 Alfred North Whitehead, *Process and Reality*, ed. David Ray Griffin and Donald W. Sherburne (New York: The Free Press, 1978), 3.

를 알아내고자 이 증언의 실제 논리를 엄밀하게 검토한다.

실천적 변별력은 앞에서 말한 역사적 변별력이나 철학적 변별력과 상당 부분 중복된다(역사적 변별력, 철학적 변별력, 실천적 변별력을 '일종의' 변별력으로 무조건 구분하는 것은, 이 구분이 이런 변별력 사이에 무슨 심각한 차이점이 있는 것처럼 주장할 때 오해의 소지가 있을 수 있다. 어쩌면 신학에서의 변별력은 예컨대 어떤 종류의 역사적, 철학적, 실천적 변별력을 행사할 수 있는, 몇 가지 서로 긴밀히 관련된 기술이나 능력을 포함한다고 말하는 것이 더 정확할 것이다). 실천적 변별력은 인간이 처한 구체적 상황에 세심한 주의를 기울일 것을 요구하며, 한 상황에서 일어나는 특별한 행위를 평가할 수 있는 개념적 준비를 요구하는 데 —예컨대 신중한 행위와 부주의한 행위를 구별해내고 동기를 밝혀내며 결과를 예측해내고, 일반적으로 주어진 한 상황에 실제로 적합한 특징을 찾아내는 데— 각각 필요한 개념적 준비를 요구한다. 실천적 변별력과 도덕적 변별력으로 부를 수 있는 것 사이에는 밀접한 연관성이 있다. 실천적 변별력과 도덕적 변별력은 모두 행위를 기술하고 평가할 때 거의 동일한 어휘를 사용하며(사실상 기술과 평가는 흔히 동일하다. 하나의 행위를 기술하는 것은 흔히 이 행위를 평가하는 것이기도 하다),[31] 한 상황의 거의 동일한 특징에 관심을 기울인다. 3장에서 지적했듯이 실천신학의 판단은 도덕적 고려 사항을 포함한다. 이미 실행한 것이든지, 아니면 앞으로 실행할 것으로 예견된 것이든

---

31 예컨대, A. R. Louch, *Explanation and Human Action* (Berkeley: University of California Press, 1966), 54 이하를 보라.

지 간에 특별한 증언 행위를 평가하는 것과 관련해서 변별력을 행사하게 될 때, 이 사실은 가장 극명해진다. "우리가 무엇을 할 것인가?"(혹은, "무슨 일을 행해야만 했는가?")와 같은 질문은 단순히 일반 원리를 들먹인다고 해서 대답될 수 없으며, 어떤 반응을 선택하는 것을 적절하거나 적절치 않은 것으로 만드는 특징—이 특징은 가끔 은폐돼 있다—을 드러내기 위해 세심하게 그 상황을 충분히 읽는 것이 요구된다.

신학적 변별력에는, 세 차원 각자에 있어서, 아이리스 머독[Iris Murdoch](1919~1999)이 '주의'(머독은 이 말을 시몬 베유[Simone Weil, 1909~1943]로부터 빌려 썼다)로 부른 것의 특성이 있다. 주의는 "개별 실재를 향한 공정하고 사랑스러운 응시"와 "어떤 사람이나 어떤 사물, 어떤 상황을 향한 참을성 있고 사랑스러운 관심"으로 이뤄진다.[32] 이런 주의—머독이 말한 것처럼 "정말로 **바라보는 것**"(어쩌면 이런 시각적 비유는 궁극적으로 불가피할 것이다)—는 쉽사리 얻어지지 않는다. '주의'라는 말의 형용사들(예컨대, '공정한', '사랑스러운', '참을성 있는')이 보여 주듯이, 주의에는 도덕적이고 기술적인 노력이 필요하다. 물론 주의에는 기술적인 능력이 포함돼 있다. 다시 말해 우리가 관련된 어떤 특수한 것에 적절하고 능숙한 주의를 기울이고자 한다면, 신학 탐구의 세 차원 모두의 학술적인 자원을 끌어모아 정리해서 통합해야만 한다. 그러나 우리는 또한 변별해내려는 **성향**을 갖추지 않으면

---

32 Iris Murdoch, *The Sovereignty of Good* (New York : Schocken Books, 1971), 34, 40, 91.

안 된다. 우리는 이해하는 데 요구된 시간과 에너지를 기꺼이 투자해야만 한다. 우리는 우리의 '전前이해'가 기꺼이 도전받고 교정받는 것을 감수해야만 한다. 우리 자신의 통시력에 한계가 있다는 사실을 인정해야만 한다. 이처럼 기꺼이 자진해서 하려는 자세와 실제로 해낼 수 있는 능력은 기술적으로 성취될 수 있는 것이 아니다. 이것은 우리가 어떤 부류의 사람인가와 관계가 있다. 우리가 어떤 부류의 사람인가 하는 것은 인격적이며 도덕적 성숙으로 얻게 되는 결실이다.

이사야 벌린은 지금까지 통시력과 변별력으로 지칭한 것을 두 유형의 사상가에 속한 상반된 경향성으로 기술했으며, 간혹 한 정신 안에서 서로 교전중交戰中인 특질로 묘사하기도 했다. 우리는 사실에 있어서 통시력과 변별력이 어떻게 상반된 속성인가를 살펴봤다. 한편으로 적절히 변별해내기 위해서 통시력의 일반화하려는 경향성을 뿌리쳐야만 하고, 다른 한편으로 통시력을 구성하는 지적 종합 행위를 실천하기 위해서 아주 미세한 구별에만 집중하려는, 변별력의 원심적 경향성을 극복해야만 한다. 하지만 통시력과 변별력이라는 두 사유 계기는 상반되는 것 이상으로 훨씬 더 강력하게 결합한다. 통시력과 변별력은 서로가 투쟁하는 수준보다 훨씬 더 깊은 수준에서 서로를 요구한다. 통시력과 변별력 가운데 어느 하나를 가장 완벽하게 실현하는 것은 둘 중에 어느 하나를 희생시키지 않고, 다른 하나를 완전히 실현할 때 가능하다. 벌린이 어떤 상황에서나 통시력과 변별력이 서로 대립할 수 있다는 사실을 주장한 것이나, ─우리의 전형적인 사고 습관이 관계된 한─ 인류 전체에 통시력과 변별력이라는 일종의 분계선을 그은 것은 틀림없이 옳을 것이다. 그런데도 "변별력 없는 통시력이 없고, 통시력 없는 변별력이 없다"는 것은 하나의 진실이다. 통시력과 변별력이라는 두 사유의 계기를 적절히 발전시키고 연관시킬 경우, 양자는 서로를 위해 기여하게 될 것이다. 통시력과 변별력을 적절히 발전시키고 연관시키는 것이야말로 신학 탐구가 성공하는 데 결정적으로 중요하다.

변별력이 통시력에 의존한다는 사실은 수많은 철학자와 역사학자, 인류학자가 강력하게 우리의 관심을 불러일으킨 진실—즉, "사실 그대로만 있는 것"은 없다는 진실—을 고려할 때 분명해진다. 우리가 어떤 사실을 구별해 내고, 우리의 특수한 경험을 가려내는 능력은 이 경험에다 어떤 종류의 해석학적 구조를 끌어들이는 것에 달려 있다. 윌프리드 셀라스는 자신이 "소여所與(주어진 것)의 신화the Myth of the Given"로 부른 것을 비판한, 영향력 있는 논문에서 다음과 같은 사실에 주목한다. "우리가 어떤 종류의 것을 알아챘기 때문에 이것에 대한 개념을 갖게 됐다는 사실 대신에, 어떤 종류의 것을 알아내는 능력을 갖추는 것은 이미 '이것에 대한 개념'[감각 소여에 대한 개념]을 갖고 있다는 사실을 인식한다는 것인데, 이것으로는 이 사실을 설명할 수 없다."[33] 우리가 경험하는 요소를 변별해내는 능력은 언어와 더불어 —즉, 이 요소를 바라보는 방법을 제공하는 개념적 자원과 더불어— 습득된다. 이 능력이 우리가 '각종 사물'을 알아내는 방법

---

33 Wilfred Sellars, "Empiricism and the Philosophy of Mind," *Science, Perception and Reality* (London: Routledge & Kegan Paul, 1963), 176.

172 | 신학 탐구 방법론

이다. 이 능력은 심지어 사물이 우리에게 익숙해진 것에 속하지 않을 때가 언제인지를 알아내는 방법이기도 하다. 특이한 것은 보통의 것과 대조될 때 두드러진다. 우리의 개념 구조 때문에 이 구조에 맞지 않는 것까지도 볼 수 있다. 일단 우리가 그 특이한 것을 특이한 것으로서 확인한 다음에 비로소 그 특이한 것이 "어떤 것인지"를 보기 시작하며, 마침내 이것이 어떻게 특별한 것인지를 볼 수 있게 된다. 우리가 하나의 개별 실재를 이처럼 개별 실재로 보게 되는 과정은 존 위즈덤John Wisdom(1904~1993)의 표현을 빌리자면, "연결하고 단절하는 행위" 가운데 하나이다. 다시 말해 이 과정은 그 개별 실재와 다른 것들과의 —어쩌면 피상적으로 볼 때 서로 다른 것들과의— 관계성을 주목하는 동시에, 그 실재와 표면적으로 유사하지만 오해의 소지가 있게 유사한 것들로부터 그 개별 실재를 구분함으로써, 그 실재의 개별 특성을 드러나게 만든다.[34] 연관 짓고 구분 짓는 것은 모두 중요하며, 이 두 가지는 서로 다른 방법으로 연결성을 보는 능력, 즉 통시력에 의존한다.

통시력이 변별력에 의존한다는 사실이 훨씬 더 명백할 것이다. 통시력은 단순히 특별한 판단을 한데 모아 놓은 것은 아니지만, 통시력이 자신의 종합하는 요소를 추출하는 데 필요한 자료를 얻고자 그 판단에 의존한다. 통시력의 타당성을 측정하는 한 가지 방법은 이 통시력이 풍부하게 특별한 것에 의해 가르침을 받고자 하고, 새로운

---

34 John Wisdom, "Gods," *Philosophy and Psychoanalysis* (Oxford: Basil Blackwell, 1969), 159-163.

변별력이 전반적 수정이나 "재再비전 갖기"(다시 통시력 갖기)를 촉구함에 따라 변혁되고자 하는, 기꺼운 개방성의 정도와 질에 달려 있다. 비트겐슈타인은 "철학적 질병의 한 가지 주원인"—병든 통시력의 주원인이라고도 할 수 있는—은 "한 가지로 치우친 편식, 즉 우리가 오직 한 가지 종류의 본보기만으로 자신의 사고를 위한 영양분을 섭취하기" 때문이라고 말한 적이 있다.[35] 변별력을 풍부하게 섭취하는 것은 더욱더 건강한 통시력—즉, 거짓된 단순성을 통시력에 강요하지 않고 더욱더 풍부하고 더욱더 복잡하고 다양한 경험을 더욱더 잘 통합하는 통시력—을 보장하는 데 도움이 된다. 하나의 특수 사건이나 개념의 복잡성에 통달하는 것은 다른 것을 이해하고, 이전에 보지 못한 연관성을 알아내는 —어쩌면 우리가 이전에 연관 지은 것 가운데 일부가 잘못된 것이라는 사실을 알아내는— 새로운 가능성을 열어줄 것이다. 변별력과 통시력은 서로 지지하는 것에 의해서뿐만 아니라, 한쪽이 다른 쪽에 이의를 제기하는 것에 따라서도 서로를 위해 기여한다. 변별력과 통시력은 각자가 다른 쪽에게 자신의 고유 과제를 더욱더 적절히 수행하도록 도전하며, 실천적 판단을 바르게 내릴 능력은 양자의 변증법적 관계에서 만들어진다.

존 위즈덤은 더블린 동물원에서 사자를 사육하는 난제에 눈부신 성공 기록을 세운 한 사육사를 언급한다. "자신의 성공 비결이 무엇인지에 대해 질문을 받자, 홀러드Flood 씨는 '사자들을 이해하는 것'이라고 대답했다. 사자들을 이해하는 것이 무엇이냐고 묻자, '모든 사

---

35 Wittgenstein, *Philosophical Investigations*, 155 (§593).

자는 다르다'라고 대꾸했다."36

---

36 John Wisdom, "Paradox and Discovery," *Paradox and Discovery* (Oxford: Basil Blackwell, 1965), 138.

5 장

신학 탐구와 신학 교육

While the possession of a set of theological judgments may indicate theological competence, it is not, by itself, an altogether reliable index, since there are many ways of coming to possess opinions other than through a process of careful, critical reflection. One's theology may be inherited, or accepted on the authority of one's teachers, or collected at random. The pressure of academic or ecclesiastical expectations may force a premature closure to judgments without the reflection which they rightly need, and even without any clear sense of the problem to which a given judgment is supposedly a solution. Judgments adopted under these conditions often lack suppleness and vitality. Since they have been acquired at second-hand rather than formed for oneself, their possessor is apt to have little feeling for the degree of firmness or tentativeness with which they should be held, and may be poorly equipped to engage in that ongoing reappraisal of one's judgments which is one mark of intelligent conduct.

4장에서 '통시력'과 '변별력'은 주로 신학 탐구에 특징적으로 나타나는 지적 행위를 일컫기 위해 사용됐다. 하지만 두 용어에는 다른 중요한 의미 두 가지가 더 있다는 사실이 분명해졌다. 통시력과 변별력은 이런 지적 행위를 수행할 수 있는 능력을 의미할 수 있고, 이 행위의 결과를 지칭할 수도 있다. 이처럼 통시력은 한 사람이 소유하거나 획득하고자 애쓰는 인격적 특성으로 볼 수 있는데, 이때 통시력은 전체를 조망하는 능력을 의미한다. 어떤 사람이 기독교 신앙에 대해서 갖는 통시력을 말할 수도 있는데, 이 경우에는 그가 이미 이뤄낸, 요약 설명이나 여러 권으로 된 '조직신학'을 통해 독자에게 명확히 설명해 줄 수 있는, 기독교 신앙의 전반적 이해를 의미한다. 특수 상황을 통찰하는 능력을 의미하는 것으로서의 변별력을 예찬할 수 있고, 누군가가 어떤 특수 상황에 대해 갖는 변별력을 말할 수도 있는데, 이 경우 그가 그 특수 상황에 내린 실제 평가를 의미한다.

통시력과 변별력이 이처럼 다양한 의미로 사용된다면, 두 용어는 일반어인 '판단'과 유사한데, 통시력과 변별력은 판단의 두 유형이다. '판단'은 판단하는 행위, 판단할 수 있는 능력, 아니면 판단의 결과를 말할 수 있다. 2장에서 '신학'이라는 용어와 관련해서 이 세 의미를 이미 접했다. 우리가 살펴봤듯이 신학은 신학을 탐구하는 행위(신학의 일차적 의미)나 신학을 할 수 있는 능력, 하비투스(이른바 신학의 주관적 의미), 혹은 신학 탐구의 결과—예컨대, 신학적 판단이나 제안(이른바 신학의 객관적 의미)—를 지칭할 수도 있다.

신학적 하비투스는 물론 그 나름대로 신학 탐구 행위의 결과이기도 하다. 다시 말해 직접 실행함으로써 다양한 능력과 적성이 습득되고 강화되듯이, 신학하는 능력과 성향은 신학하는 일에 능동적으로 참여함으로써 개발될 수 있다. 기본적으로 신학 교육은 우리가 계속해서 신학적 하비투스로 부르는 것을 구성하는, 지적으로 복잡한 인격 특질을 습득한 목적으로 신학 탐구에 뛰어드는 행위이다.

신학 탐구의 두 종류의 결과—즉, '객관적' 결과와 '주관적' 결과—를 염두에 둔다면, 신학 탐구의 두 가지 사용법도 식별해낼 수 있다. 하나를 신학 탐구의 **보통**(일반) 사용으로, 다른 하나를 신학 탐구의 **교육적** 사용으로 부르기로 하자. 신학 탐구의 보통 사용은 기독교 증언에 대해 심사숙고한 판단을 얻어내는 것이다. 우리가 신학적 반성에 참여하는 것은 대개 그 증언에 대한 질문에 대답하기 위해서다. 예컨대, 이 질문은 "기독교 증언의 본질이 무엇인가?"라는 광범위한 질문일 수도 있고, "어떻게 해야지만 증언을 어떤 특수한 상황에서 가장 적합하게 실행에 옮길 수 있는가?"라는 훨씬 더 편협한 질문이 될 수도 있다. 대체로 이런 판단은 —광범위하거나 편협하거나를 막론하고— 행동에 영향을 미친다. 기독교인은 대개 자신의 기독교적 삶을 실천하기 위해 신학적 반성에 뛰어든다. 그러므로 기독교인의 신학적 반성은 다분히 의도적 특성을 지닌다.

신학 탐구를 교육적으로 사용할 때도 신학적 판단을 내려야 하며, 이 교육적 사용 역시 실천적 목적을 갖는다. 하지만 판단들을 만드는 것이 아니라, 판단을 만드는 것이 신학 탐구의 교육적 사용의 보다 더 적절한 목적이다(신학 탐구의 교육적 사용의 목적이 학생에게 여러 가지 구체적인 판단들을 내리게 하는 데 있는 것이 아니라, 판단을 내리는 근본 방법을 습득하게 하는 데 있다는 뜻 _옮긴이 주). 신학 탐구의 교육적 사용이 기독교 실천에 미치는 영향은 간접적이다. 신학 탐구의 교육적 사용은 어떤 사역에 종사하는 실무자에게 이미 심의해서 만들어진 어떤 판단들을 갖추도록 영향을 끼치려고 하지 않고, 이 판단들을 내릴 수 있는 근본 능력을 갖추도록 영향을 미친다. 그렇다면 신학 탐구의 교육적 사용은 신학 탐구의 보통 사용에 종속된다. 다시 말해 신학 탐구의 교육적 사용은 탐구에 필요한 적성(소양)을 개발하는 것에 그 목적을 두는 하나의 '실습'이다.

물론 신학 탐구의 보통 사용과 교육적 사용은 상호 배타적이지 않다. 경험에 비례해서 능력이 증가하는(경험을 많이 쌓을수록 능력도 함께 자라나는 _옮긴이 주) 모든 영역에서와 같이, 신학에서도 교육이 더 이상 주목적이 아닐 때라고 할지라도 탐구함으로써 신학 교육은 지속할 수 있다. 마찬가지로 기본 신학 능력을 습득하는 과정에서 우리가 내리는 신학적 판단들은 비록 이 단계에서는 주목적이 아니라고 할지라도, —우리가 기독교 신앙을 이해하고, 기독교 증언을 실행에 옮기고, 그 시점부터 계속해서 신학 탐구를 하는 데 이르기까지― 줄곧 지대한 영향을 미치는, 여전히 중요한 판단들이다. 일반적으로 신학 탐구에 뛰어들 때, 언제나 '객관적' 결과와 '주관적' 결과 모두가 나온다. 하지만 신학 능력을 습득하거나 연마하는 것이 주목적일 때(주관적 결과 _옮긴이 주)가 있는가 하면, 주로 신학적 질문에 대한 해답을 찾아야 할 때(객관적 결과 _옮긴이 주)도 있을 것이다.

신학 탐구를 교육적으로 사용하는 것이 신학적 능력을 습득하거나 연마하는 데 초점을 집중하는 것으로 생각할 때, 제멋대로 범위가 제한되는 것처럼 보인다. 그 이유는 신학적 질문에 대한 해답을 찾는 작업(신학 탐구의 '보통' 사용)이 흔히 신학 교육의 주목적으로 여겨졌으며, 아니면 적어도 우리가 통상 '신학 교육'으로 지칭한 것의 신학적 부분의 주목적으로 간주됐다는 사실을 부인할 수 없기 때문이다. 이 견해에 따르면, 신학교에서 신학을 공부하는 목적은 무엇인가를 알아내고자, 즉 기독교 증언의 본질에 관한 일련의 판단들에 도달한 뒤, 이 판단들을 신학교를 마친 후 자신의 사역을 실천하기 위한 하나의 기반(어쩌면 하나의 '이론적' 기반)으로 사용하기 위해서다. 의심할 여지 없이 이 판단들을 어떻게 만들어낼 것인가 하는 문제에 어느 정도 주의를 기울여야 하지만, 이 '어떻게'라는 **방법**의 문제보다 흔히 '무엇이'라고 하는 **내용**의 문제가 더 직접적인 관심사가 된다. '하나의 신학'과 더불어 ―즉, 자신의 설교나 교육, 상담 등등을 위한 기초로 쓸 수 있는, 기독교 신앙의 내용을 **객관적으로** 이해하는 것과 더불어― 중요한 것이 생겨난다. 이런 각도에서 본다면 전문 신학자들—예컨대 신학 대학 교수들—은 '어떻게'의 문제에 지나치게 몰두한 나머지, 목전에 닥친 실제 문제와는 상관없이 전혀 도움이 되지 않는 방법에 관한 문제만을 집요하게 붙드는 몽상가들로 비칠 수 있다. 학생들이 무엇을(내용) 생각할까가 아니라, 어떻게(방법) 생각할까에 대해서 배우는 것을 도와주는 일이 전문 신학자가 해야 할 역할이라고 주장하는 것은 얼핏 책임 회피처럼 보일 수 있다. 또한 "설교를 잘 할 수 있는 능력"이 좋은 신학의 기준이 아니라고 신학자들이 주장할 때, 자신들의 신학 연구가 현실에 적합한 것이 되는 것을 꺼리거나, 그렇게 목회 현실에 적절한 도움을 줄 수 없는 자신들의 무능함에 대한 궁색한 변명으로 비칠 수 있다.

신학생들은 물론이고 신학교 교수들까지도 이따금 신학 교육의 주목적이 학생들에게 일련의 객관적 지식을 제공하는 데 있다는 암묵적 가정하에 움직여 온 것이 사실이다. "교과 자료를 다루는 것"이 강좌의 주목적일 때, 혹은 수업 시간에 주로 취급한 교과 자료에 학생들이 얼마만큼 익숙해졌는가를 알아보고자 시험을 치르게 될 때, 이와 유사한 동기로 학생들이 장차 목회 사역에 뛰어드는 과정에 알아둘 필요가 있는 모든 것을 접하게 할 목적으로 교과 과정이 구성될 때, 앞에서 말한 암묵적 가정이 작용한다고 의심할 만한 충분한 근거가 있다. 이 경우 학생들이 이런 가정을 전제한다는 사실—적어도 이 가정을 인정한다는 사실과 이 가정을 대학 생활의 엄연한 현실로 받아들이려고 한다는 사실—을 마냥 비난만 할 수는 없다(학생들 역시, 교수들이 다양한 강좌에서 학생들에게 기대하는 것처럼 객관적 지식에 통달하는 것과 미래에 취업하기 위해서 습득해야 할 능력이 서로 긴밀한 관계가 있다는 사실을 발견할 수 없을 것이다. 그 결과 학생들은 신학 교육이 대체로 무의미한 작업, 즉 그저 적당히 인내하고 학교에 다니고 좌절감을 견뎌내는 것 말고서는 목회 사역을 준비하는 데 아무런 기여도 하지 못하는, 그리하여 그저 목회 사역으로 나가는 길목에 적당히 감내해야 할 하나의 시련 과정 정도로 치부하고 말 것이다).

신학 교육의 목적에 대한 이처럼 세간에 널리 퍼진 가정은 강력한 영향을 미치는 반쪽 진리다. 하지만 이 가정을 그릇된 가정이라고만 치부할 수 없다. 그 이유는 기독교 증언의 이해를 향상하는 것(객관적 의미로)이 분명히 신학 교육의 적절하고 바람직한 결과 가운데 하나이기 때문이다. 다시 말해 제아무리 시험적인 것이라고 할지라도 기독교 증언의 본질과 일관성, 결과에 대한 비전을 갖는 것이나, 기독교적으로 실천하기에 적절한 일반 원리를 파악하는 것, 여러 가지 중요한 질문을 성찰해서 일련의 판단들을 만들어내는 것이 신학 교육의 중대한 결과 가운데 하나이기 때문이다. 우리는 신학 훈련 과정을 마친 학생이 이런 이해를 갖추지 못했을 때 일반적으로, 또한 당연히, 교육을 잘못 받았다고 생각할 것이다. 다시 말해 신학 탐구를 하는 도중에 그 어떤 신학적 판단도 만들어내지 못한 상태에서 신학 탐구를 할 수 있는 능력을 기를 수 있는 경우는 거의 없다. 주로 판단을 만들어냄으로써 판단을 내리는 방법을 배운 뒤, 이 판단의 근거와 결과를 검토하고, 자신의 실행을 성찰하고, 이런 성찰의 과정을 다시 시도한다. 이 판단은 확실히 잠정적이고 스스로 발견하는 것인데, 특히 이 판단을 내리는 실제 행위에 뛰어든 초기 단계에서 그렇다. 그러나 판단을 완전히 보류하는 것은 판단을 배우는 학습 과정에 참여하는 것을 중단하는 것과 다름없다.

하지만 이렇게 판단들을 만들어내는 것을 신학 교육의 주요 목적으로 간주하는 것은 잘못이다. 어디까지나 판단들은 판단 형성을 이뤄내는 신학 교육의 주목적의 수단이며, 판단 형성을 이뤄낼 때 발생하는 부산물일 뿐이다. 판단들이 신학 교육의 목적과 긴밀하게 연관됐다는 사실은 이 판단들을 목적으로 오해하는 —즉, "하나의 신학"을 습득하는 것(객관적 의미로)을 신학 교육의 목표와 기준으로 생각하는— 일반 경향을 설명하는 데 도움이 된다. 일련의 신학적 판단들을 소지하는 것이 신학적 역량의 지표가 될 수도 있겠지만, 이것만으로 전적으로 신뢰할만한 신학 역량의 지표가 될 수는 없다. 왜냐하면 비판적으로 신중하게 반성하는 과정을 거치지 않고서도 어떤 의견들(판단들)을 소지할 수 있는 다양한 방법이 얼마든지 있기 때문이다. 우리의 신학은 유산으로서 그냥 이어받을 수도 있고, 스승의 권위 때문에 어쩔 수 없이 맹종할 수도 있고, 아니면 닥치는 대로 끌어모아 우리 것으로 짜깁기할 수도 있다. 학술적이고 교회적인 기대로 가해지는 압력 때문에 마땅히 거쳐야 할 신중한 성찰의 과정 없이 —그리하여 하나의 판단이 해결책이 되는 것으로 여겨진 문제 상황을 정확히 분별하지도 못한 채— 이미 만들어진 판단들 안에 너무 일찍 갇혀버릴 수 있다. 이렇게 강압적인 조건 아래 채택된 판단들에는 흔히 유연성과 생명력이 부족하다. 이런 판단들은 스스로의 성찰 능력에 의해서 만들어진 것이 아니고, 타인이 만들어낸 판단들에 신세를 진 것이기 때문에, 설령 이 판단들을 소지했다고 할지라도 이 판단들에 대해 당연히 가져야만 할 **확고부동함**이나 **망설임의 정도**에 대한 의식이 거의 없기에 십상이다. 그뿐만 아니라 이런 판단들을 제아무리 많이 소지한다고 할지라도, ―인간의 지성 활동의 한 특징이 되는 바― 자신의 판단들을 지속적으로 재평가하는 일에는 형편 없이 소홀할 수 있다. 이 판단들이 해답이 되는 질문에 대해 활발한 관심을 가져서가 아니라, 외부의 압력에 의해 억지로 판단들이 만들어지는 정도에 따라서 이 판단들은 단지 의례적儀禮的/儀式的 기능만 행사할 가능성이 크다. 이 판단들은 하나의 견해가 요청될 때 불쑥 꺼내놓을 수는 있지만, 자신이 실제로 심사숙고한 끝에 나온 책임적 판단들은 아니다. 예컨대, 우리는 삼위일체론과 성육신론을 확고히 신봉한다고 (심지어 진지하게) 말할 수는 있다. 하지만 이런 공언公言은 삼위일체론과 성육신론을 대충 피상적으로 살펴본 끝에 나온 결과일 뿐이기에, 우리가 사고할 때나 행동할 때 이런 교리들은 우리의 신앙과 삶에 아무런 **실질적 영향력**도 미치지 못하는 공허한 판단들에 불과하다. 그렇다면 단지 '하나의 신학'을 소유했다는 사실만으로 신학 교육의 역량을 측정할 수 없다. 외려 훨씬 더 중요한 것은 신학적 판단들을 만들어내고, 수정하고, 활용할 수 있는 **능력**이다. 통시력과 변별력으로 대변되는 이 능력은 실제 상황에서 그대로 드러나는 법이다.

지금까지 신학 교육은 그 본질에서 신학을 탐구하는 능력을 개발하고 증강할 목적으로 신학 탐구에 뛰어드는 것이라고 주장했다. 이 주장은 처음 들을 때 분명히 타당성이 있어 보인다. 신학이 정확히 하나의 행위라고 한다면, 신학을 배우는 것은 ─단순히 (예컨대) 다른 신학자들이 말한 것이나 행동한 것에 친숙해지는 데 있는 것이 아니라─ 신학하는 행위에 직접 뛰어드는 방법을 배우는 것이 돼야만 할 것이다. 테니스를 배우는 것은 테니스를 직접 치는 것이고, 건축을 배우는 것은 집을 지을 수 있는 능력을 직접 습득하는 데 있는 것과 마찬가지로, 철학이나 신학과 같은 하나의 탐구를 배우는 것 역시 탐구를 직접 수행하거나 탐구를 잘 수행할 수 있는 유능한 탐구자가 되는 데 있다. 이런 경우의 대부분은 꼭 필요한 자원을 얻고, 적절한 기술을 습득하는 훈련을 하고, 자신이 하는 일을 건설적으로 비판하는 등등의 구체적 상황 안에서 직접 해보는 것이 배움의 주요한 **방법**이 된다.

하지만 신학 교육이 항상 앞에서 말한 방식으로 이해돼온 것은 아니다. 요컨대 이 책에서 이해한 신학 교육의 대안으로서 주목할 만한 세 이해가 있다. 이 세 이해는 각기 나름의 대단한 과거 역사를 자랑하고, 현재에도 있고, 각자의 명칭에 대한 그럴듯한 주장도 펼친다. 세 이해 가운데 둘─역사가 더 오래된 두 이해─은 이 책이 '신학'이라는 말의 두 가지 이차적 의미─주관적 의미와 객관적 의미─로 취급하는 것과 연관된다. 좀 더 현대적인 세 번째 대안은 슐라이어마허 이후에 신학이 직면하게 된 운명과 연관된다. 첫 번째 이해는 신학 교육(이 작업을 일컫는 하나의 대중적 명칭을 고른다면)을 '영성 형성'의 한 과정으로 보는 이해다. 두 번째 이해는 신학 교육을 전통을 전달하는 것—즉, 교리 전통을 가르치고 배우는 것—으로 보는 입장이다. 세 번째 이해는 신학 교육을 교회 지도자를 길러내기 위한 전문 훈련 과정으로 보는 견해다. 신학 교육을 '영성 형성'으로 보는 첫 번째 입장은 신학을 배우는 학습자의 주체성에 주목한다. 신학 교육을 전통 교리를 전달하는 것으로 생각하는 두 번째 견해는 학습자가 배운 객관적 학습 내용에 주목한다. 신학 교육을 교회 지도자를 길러내기 위한 전문 훈련 과정이라고 생각하는 세 번째 입장은 목회 사역의 기능에 집중한다. 5장에서 권장하는 신학 교육의 이해는 이 이해가 지금까지 언급한 세 대안 각자와 갖는 연관성을 고찰함으로써 가장 잘 발전시키고, 방어될 수 있다.

신학 교육(theological education)의 세 이해

① "영성 형성의 한 과정"(a process of spiritual formation)

② "전통을 전달하는 것"(transmitting tradition)

③ "교회 지도자를 길러내기 위한 전문 훈련 과정"(a course of professional training for the tasks of church leadership)

신학 교육은 간혹 영성을 형성해나가는 과정으로서 이해된 적이 있다. 이 견해에 따르면, 장차 사제나 목사가 될 신학생들이 가장 필요로 하는 것은 기독교 전통에 대한 객관적 지식이나 목회 지도력 과제를 수행할 때 필요한 전문 기술이 아니다. 이런 종류의 객관적 지식이나 전문 기술이 비교적 중요하다는 사실은 부인하지 않지만,

기독교인으로서 자신을 철저히 아는 것과 평온하게 자신을 잘 지켜나가는 것이 훨씬 더 중요하다고 본다. 교회 지도자가 '성인聖人'이 될 필요는 없겠지만, 복음의 빛에서 자신을 진실하게 이해할 뿐 아니라, 타인 역시 이와 비슷하게 자신을 진실하게 이해할 수 있도록 양육시킬 수 있는, 그런 사람이 될 필요는 있다. 교회 지도자가 되는 데 필수적인 덕목은 기독교인으로서의 자기 정체성을 분명히 인식하고, 참으로 기독교인답게 살아나가는 것—즉, 자신의 삶 전체를 하나님의 은혜와 심판 아래 두는 것—에 있다. 그렇다면 신학 교육은 기본적으로 기독교인으로서 양육 받게 하고, 영성을 형성하는 일상 과정을 지속해나가고 심화시키는 것일 뿐이다. 이 과정에서 전통에서 온 자원들(예컨대, 현대 심리학과 같은 다른 자원들 역시)을 우선 자신을 이해하는 일에 쏟아붓고, 그런 뒤에 —좀 더 명백하게 기능적이거나 전문 훈련의 보완을 받아서— 다른 사람들이 복음을 제대로 살아내도록 돕는 일에 써야 한다.

신학 교육을 이처럼 '개인적 인격 형성'으로 보는 견해는 '가톨릭'이나 '개신교' 전통에 모두 다 나타난다. 그러나 두 교파에서 쓰는 어법이나 두 교파가 이해하는 인격 형성의 과정과 인격 형성을 이루는 수단에는 상당한 차이가 있다. 이 첫 번째 견해에는 보수주의 형태와 자유주의 형태가 다 있는데, 보수주의 형태는 기독교 외부에서 온 다른 자원들에 지나친 주의(적어도 긍정적 주의)를 기울이지 않은 상태에서, 전통적인 은혜의 수단과 영적 지도의 전통 어휘와 관습을 활용한다. 이와 달리 자유주의 형태는 이론이나 기술에 있어서 현재 통용되는 심리학이나 철학의 도움을 매우 진지하게 받아들인다. 본 서에서 주장하는 신학과 신학 교육의 이해는 이처럼 자유주의나 보수주의를 표방하는 일부 대표자들 모두에게 크게 빗나간 것처럼 보일 수 있다. 일부 보수적 입장에서 보면 '기독교적 형성Christian formation' (인격 형성과 영성 형성을 통해 온전한 그리스도인을 길러내는 작업 _옮긴이 주)과 '비판적 탐구'는 서로 화해 불가능할 뿐이며, 비판적 탐구를 하도록 훈련하는 형태의 신학 교육은 신학 교육이 달성하겠다고 공언하는 대의大義를 크게 해치는 것일 수도 있다. 기본적으로 이와 동일한 방향으로 생각하는 사람들 내부에서 또 다른 입장을 가진 사람들의 시각으로 볼 때도, '기독교적 형성'과 '비판적 탐구'는 서로 적대적이지는 않더라도, 서로 무관한 것처럼 생각될 수도 있다.

2장은 '비판적 사유'와 '신앙에 합당한 마음 상태' 사이에 흔히 추정되는 대립 문제를 다뤘다. 신앙은 계시된 하나님의 말씀에 순복順服함으로써 생겨나는데, 이렇게 순복함으로써 우리는 자신의 이해가 연약하고 부족하다는 사실을 인정하게 된다. 참된 신학적 이해—신학적 하비투스, 혹은 신앙의 지성intellectus fideii—는 인간의 성취가 아니라, 하나님이 주시는 선물이다. 이런 참된 신학적 이해를 위해서는, 하나님과 관련된 것을 새롭게 알아감으로써 우리가 일반적으로 사고하는 방식이 변화되는 '지성의 회심'이 필요하다. 요한 게어하르트와 여러 신학자가 신학적 하비투스가 하나님이 주신 하나의 특별한 선물이라고 주장한 것은 현재의 타락한 상태에 있는 인간이 당연히 하나님을 진정으로 알 수 없다는 인식과 맞물려 있다. 하나님을 진정으로 아는 기질은 창조돼야만 하고, 이것을 가로막는 일체의 성향은 제거돼야만 한다. 장 칼뱅John Calvin(1509~1564)은 "하나님에 대한 모든 올바른 지식은 순종에서 비롯된다"[1]고 말했다.

이런 상황을 고려할 때, 신학 문제를 비판적으로 반성하는 것은 하나님의 말씀과 하나님의 뜻을 참으로 알기 위해서 꼭 필요한 겸손과 수용성의 정신에 위배되는 것처럼 보이는 것도 무리가 아니다. '신앙'과 '비판적 반성'이 그 본질에서 상호 적대적이라는 확신은 흔히 비판적 사고를 교만에 가득 찬 자기주장과 동일시하는 태도에 근거한다. 이 견해에 따르면, 지적 겸손은 자신의 독단적 판단을 포기하는 것이며, 비판하지 않고 수용하는 것은 자기부인自己否認의 적절한 지적 형태다. 확실히 이런 전통에 선 일부 신학자들은 신적神的 진리를 수용하는 하나의 조건으로서의 '지성의 회심'뿐만 아니라, '지성의 희생'까지도 요구했다.[2] 하지만 비판적 탐구의 신학적 가치를 의심할 의도 하나로, 비판적 탐구가 본래부터 죄악된 것이라고 생각할 필요는 없다. 인간의 마음이 천성적으로 부패해서가 아니라, 순전히 "이해하기 위해서 신앙이 필요하다"라는 사실을 강조함으로써

---

1 John Calvin, *Institutes of the Christian Religion*, tr. Ford Lewis Battles, *Library of Christian Classics*, vol. 20 (Philadelphia: Westminster Press, 1960), I, 6, 2 (72). 이해와 실천, 헌신의 관계에 대해서는 Charles M. Wood, "The Knowledge Born of Obedience," *Anglican Theological Review* 61 (1979), 331-340을 참조하라.

2 17세기의 루터교 교의학자 에이브러햄 켈로프(Abraham Calov)에 따르면, 예컨대 "우리의 마음이 하나님의 말씀을 전혀 이해할 수 없고, 설령 하나님의 말씀이 거짓으로 납득이 된다고 할지라도 그 하나님의 말씀을 받아들이는 것이 우리의 의무다"라고 주장했다. 켈로프의 주장을 인용한 Robert D. Preus, *The Theology of Post- Reformation Lutheranism: A Study of Theological Prolegomena* (St. Louis: Concordia Publishing House, 1970), 320-321을 보라.

이 주장을 좀 더 적극적으로 펼칠 수 있다. 이 견해에 따르면, 비판적 자세는 하나님을 아는 지식에 필수적인 '참여하는' 자세를 포기하고 헌신적 태도를 중지하는 것—즉, '거리두기'를 해서 객관적으로 접근하려는 것—이기 때문에 기독교적 인격이나 영성을 형성하기에는 적절치 않다. 인생의 다른 영역에서 '비판적 거리두기'는 필요하나, 적어도 신학에서는 비판적 이해보다 헌신적 태도가 우선이라는 말이다. 이와 관련해서 안셀름^{Anselm}(1033~1109)의 『어록^{Proslogium}』이 자주 인용된다. "왜냐하면 나는 믿기 위해서 이해를 추구하는 것이 아니라, 이해하기 위해서 믿기 때문이다. 또한 내가 이 사실을 믿기 때문에, 내가 먼저 믿지 않았더라면 도무지 이해할 수가 없다."[3] 이것은 신학적 이해에 이르는 길이 '비판'이 아닌, '신앙'이라는 말이다.

신앙과 비판적 탐구가 이처럼 서로 대립한다는 주장에 대해서 두 가지를 지적해야만 하겠다. 첫째로, 신학적 이해가 '개인적 참여'를 요구한다는 사실은 분명하다. 사실 이것은 신학에만 국한된 것이 아니다. 어떤 분야든지 간에 이해하기 위해서는 그 분야에 포함된 개념부터 먼저 숙지해야 하는데, 만일 적절한 개념을 미리 숙지하지 못했을 때는 이해하기 위해서 일반적으로 어떤 형태로든 적절한 훈련을 받거나 경험을 쌓아야만 한다. 우리는 우리가 맞닥뜨리는 모든 것을 해석하거나 판단할 수 있는 능력을 다 갖춘 척해서는 안 된다. 이 능력은 먼저 '훈련'으로 획득돼야만 한다. 우리가 이해하려는 것에 의

---

3 *Proslogium*, 1장, in *St. Anselm: Proslogium; Monologium; An Appendix in Behalf of the Fool by Gaunilon; and Cur Deus Homo*, tr. Sidney Norton Deane (La Salle, Illinois: Open Court Publishing Company, 1958), 7.

해 기꺼이 영향을 받고자 하는 '열린 자세'를 가져야만 한다. 다시 말해 우리 자신의 능력을 확장해나가고, 우리가 품은 비전을 확대해나가고, 우리가 세상을 체험하는 다양한 방법에 따라 도전을 받거나 풍요롭게 되고자 하는 '기꺼운 마음'을 가져야만 한다. 예컨대, 어떤 작곡가의 작품에 대해서 누군가 한 말을 내가 이해하려고 할 때, 나는 반드시 음악이나 음악의 해석과 관련된 무엇인가를 먼저 알고 있어야만 한다. 그렇지 않을 경우, 타인이 말한 그 논평이 내게 어느 정도 의미가 통한다고 할지라도, 나는 그 논평을 바로 이해할 수는 없을 것이다("내가 추측하기에 멘델스존Mendelssohn, 1809~1847이 가장 비극적이지 않은 작곡가다").[4] 비트겐슈타인이 한 말이다. 내가 "비극"이 무엇인지 어느 정도 알고 있다면, 설령 나 자신이 멘델스존이나 음악에 문외한이라고 할지라도, 나는 비트겐슈타인의 논평에 대해서 어느 정도 내 나름의 판단을 끌어낼 수 있다. 하지만 음악을 "비극적이다", 혹은 "비극적이지 않다"라고 말하는 것이 도대체 무엇을 의미한단 말인가? 어떻게 한 사람의 작곡가가 "비극적이지 않단" 말인가? 나는 먼저 비트겐슈타인의 발언이 하나의 음악적 판단을 표현한다는 사실을 알아낸 뒤에야, 비로소 그의 말을 이해하게 될 것이다. 이렇게 되기 위해서 나는 먼저 음악에 대해서 어느 정도 이해할 필요가 있다.)

학습자가 개인적으로 참여해야만 하는 학문은 신학만이 아니다. 그런데도 신학에서 이런 참여가 특별히 중요한 이유는 기독교 증언

---

4 Ludwig Wittgenstein, *Culture and Value*, ed. G. H. Von Wright, tr. Peter Winch (Chicago: University of Chicago Press, 1980), 1e.

을 할 때 사용하는 수많은 개념들—'창조', '죄', '은혜' 등등—이 우리
가 실존 개념들—즉, 인간이 자신을 이해하기 위한 도구로서의 개념
들—로 부를 수 있는 것들이기 때문이다. 이것이 이 개념들이 의미하
는 전부는 아닐 것이다. 다시 말해 이 개념들이 개인의 자아를 해명
하고 변혁시키는 데 적절한가 하는 문제 하나만으로 이 개념들의 의
미가 완전히 다 드러나는 것은 아니라는 말이다. 그러나 이 개념들이
어떤 것들이든지 간에 그 의미를 파악하기 위해서는 이 개념들을 통
해서 자신을 이해할 수 있는 어떤 능력이 필요하다는 (아니, 더 좋은
표현은 "개념의 의미를 파악하는 것은 이 개념 때문에 자신을 이해할 수 있
는 어떤 능력을 얻는 것과 마찬가지다"라고 말할 수 있다) 사실 때문에, 이
개념들은 "스스로 참여해야" 할 특성을 갖는다.5 이런 사실이 신학
탐구와 신학 교육이 —우리의 의도가 무엇이든지 간에— '영성 형성'
과 유사한 무엇인가를 포함해야 하는 것으로 정확히 볼 수 있는 이유
다. 무엇인가 이런 개념을 개발하는 과정은 비판적 신학 탐구와 배치
되지 않으며, 우리는 자신이 이해하지 못한 것을 제대로 비판할 수
없으므로, 외려 이 과정은 비판적 신학 탐구를 위한 하나의 조건이
된다.6

---

5 이 주장을 계속 발전시킨 논문을 보려면, Charles M. Wood, *The Formation of Christian
 Understanding: An Essay in Theological Hermeneutics* (Philadelphia: Westminster
 Press, 1981), 2장을 참조하라.

6 하지만 이렇게 말한다고 해서 기독교 증언을 이해하기 위해서 우리가 꼭 기독교인이
 돼야만 한다는 뜻은 아니다. 누군가 기독교 증언의 의미를 알게 됐다고 해서 반드시 그
 증언에 헌신해야만 하는 것은 아니다. 누군가 어떤 비기독교인의 기독교 이해가 잘못
 됐다고 반박할 때, 그 근거가 단지 그가 기독교인이 아니라는 사실에 있다고 주장한다
 면, 바로 그 주장을 제기하는 사람이 먼저 자신의 주장이 옳다는 사실을 논증해야 할

하지만 불행하게도 우리의 이해가 부족하다는 것을 항상 인식하지 못한다는 것 또한 사실이다. 나는 비트겐슈타인이 멘델스존에 대해 논평한 것—혹은 예수 그리스도의 죽음과 부활에 대해 바울이 한 말—을 해석하거나 비판할 수 있는 실력을 갖춘 것으로 생각할 수도 있다. 이렇게 생각하는 것은 내가 어떤 의미를 비트겐슈타인이나 바울이 한 말들과 연결할 수 있고, 그들이 말한 것을 어느 정도 이해할 수 있기 때문이다. 이 점은 두 번째로 말해야 할 요점으로 이어진다. 비판적 신학 탐구는 '형성'—즉, 기독교 개념들을 습득하는 것—을 요구할 뿐 아니라, 이런 형성이 책임적인 것이 되기 위해서 '비판적 반성'을 요구한다. 우리는 자신의 이해를 반드시 시험해봐야만 한다. 예컨대, 나는 바울이 이해한 '그리스도의 죽음의 의미'를 정말로 바로 이해했는가? 물론 나는 바울이 이해한 그리스도의 죽음에 관해서 누군가 말한 것만 갖고서도 이해했다고 생각할 수 있고, 아니면 나 자신의 예감豫感에 의지해서 그럴 수도 있다. 만일 이렇게 될 경우, 나 자신의 이해가 옳다고 생각해서 제기하는 그 어떤 주장도 정당화하기에 바쁜 궁색한 처지에 빠지게 될 것이다. 게다가 자기비판적인 다른 어떤 질문들을 제기하지 않은 상태에서 이 주장과 관련된 다른 문제들의 타당성을 보증할 준비를 못 할 수도 있고, 마찬가지로 이런 이해에 근거해서 내가 하는 모든 증언의 타당성을 보증하기에도 준비가 안 될 수도 있을 것이다. 비판적 탐구는 반역적 교만의 발현發現이 절대로 아니며, 지금까지 말한 방법으로 사용될 때 그 자체로서

___

책임이 있다.

하나의 순종 행위가 된다.

"하나님의 말씀 자체에 의문을 갖는 것"과 "어떤 것이 정말로 하나님의 말씀인지에 의문을 제기하는 것" 사이에는 중대한 차이가 있다. 자신이 "진리로 알고 있는 것을 부정하거나 반대하는 것"과 "어떤 것이 사실상 참된 진리인가를 묻는 것" 사이에, 또한 "책임 있게 행동하는 것을 거부하는 것"과 "책임적인 행동 방침에 대해 심사숙고하는 것" 사이에도 중대한 차이가 있다. 이런 차이를 적당히 얼버무릴 경우, 비판 정신을 '불경不敬'이나 '부도덕'으로 손쉽게 도매금으로 넘길 수 있다. 확실히 비판적 질문을 제기하는 것이 결단을 끝없이 뒤로 미룸으로써 어떤 일에 헌신하는 태도를 회피하게 만드는 한 가지 방법이 될 수 있다. 그릇된 동기에서 비롯된 질문을 제기할 수 있으며, 자신이 탐구하는 것에 노골적으로 적대감을 보이는 것 못지 않게, **겉으로 보기에** 이 탐구에 관심을 기울이는 것 역시 탐구의 진정한 정신과 목적을 전복시킬 수 있다. 하지만 탐구를 이처럼 오용할 수 있다는 사실은 우리가 헌신적으로 어떤 일을 수행할 때 "탐구를 바르게 사용하는 것"이 중요하다는 사실을 부정하기보다는 되려 강조해줄 뿐이다. 기독교 신학 탐구는 적절히 수행될 경우, 대개 자기 비판적 질문을 던지는 행위가 된다. 우리가 선포하고자 하는 것이 **진정으로** 기독교적 증언인가? 내가 믿고 주장하고자 하는 것이 진정으로 믿을만한 가치가 있는가? 심사숙고 끝에 한 이 증언 행위가 과연 이 상황에 적합한 증언인가? 그렇지 않다면 교회는 이 상황에 주의를 기울이지 않고, 그냥 일만 벌이고 있는 것은 아닌가? 비판적 탐구를 수행할 때 필요한 모든 차원과 국면에서 이처럼 자기비판적 탐구에 참여함으로써 우리는 신학적 하비투스를 구성하는 신앙 이해로 참으로 '형성'되는 것이다.

그렇다면 이제 신학적 '형성'은 단순한 주입注入/洗腦이나 습관화와는 아주 다른 그 무엇이다. 이 책에서 추구하는 신학적 하비투스는 현대의 통속적 의미의 '습관'―즉, 아무 생각 없이 반복하는 행동―이 아니다. 본서가 말하는 의미로 볼 때 반성적이 되는 것은 하나의 습관이 아니다. 누군가를 "습관적으로 자기비판적"이라고 묘사하는 말을 들을 때, 틀림없이 우리는 그에게 자기를 경솔하게 비하하는 병적 성향이 있다고 생각할 것이다. 우리가 신학 과제에 관련시킨 그런 종류의 진정한 자기비판이나 비판적 사고는 일반적으로 습관의 문제가 아니다. 이런 자기비판이나 비판적 사고는 여차하면 습관이나 관행, 무의식적 동기, 그 밖의 다양한 요소에 의해 좌우될 수 있는 행동을 의식적으로 철저히 검토하는 것이다.

하지만 예전에 사용한 하비투스 개념은 우리가 현재 사용하는 '습관'보다 훨씬 더 광범위하다. 이것은 특히 지혜를 하나의 하비투스로 취급할 때 잘 드러나듯이, 하비투스는 어떤 '능력'의 의미와 어떤 '기질'의 의미를 결합한 것이다. 지혜로운 것은 지혜로워지고 싶어 하거나 지혜롭게 행동하겠다고 굳게 다짐하는 것, 그 이상을 의미한다. 지혜로워지려면 또한 지혜로운 결단을 내리고, 지혜로운 행동을 하는 능력이 요구된다. 이와 동시에 능력은 있지만 능력을 발휘하지 못할 수도 있기에 능력만 있다고 해서 저절로 지혜롭게 되는 것은 아니다. 우리는 어떤 사람에 대해서 "그는 참 지혜로워. 그는 그냥 그렇게 행동하지 않아"와 같은 말을 (농담이 아닌 한) 하지 않는다. 어떤 사람이 '지혜로운 것'은 그 사람이 행동할 때 꽤 **지속적으로** 그 지혜로움을 보여 주기 마련이다. 그러기에 지혜로운 것은 '능력'의 문제일 뿐 아니라, '기질'이나 '성향'의 문제이기도 하다. 어쩌면 '능력'과 '성향'을 합한 '적성適性'이 '습관'보다 하비투스의 의미를 더 잘 전달해 준다. 그런데도 아직 하비투스의 의미를 완전히 풀어내기에는 충분치 않다.

존 패스모어가 주장한 것처럼, 반성적인 것이나 비판적인 것은 하나의 '재주'라기보다는 '성격적 특질'에 더 가깝다. "어떤 사람을 '비판적인 사람'이라고 부르는 것은 그를 특징짓거나 그의 성격을 묘사하는 것인데, 이것은 그가 어떤 특정 오류를 분석해내는 능력이 있다고 단순하게 말할 때 그의 성격을 묘사하는 것이 아니라는 의미에서 그렇다."[7] 확실히 '비판적인 것'은 다양한 기술과 능력을 포함한다. 비판적인 것은 심지어 습관(예컨대, 일단 적절한 절차라는 사실이 확증됐을 때 이 절차의 각 단계를 재고할 필요도 없이 그냥 판에 박힌 채로 조사 절차를 밟아나가는 습관. 혹은 초급 단계에서 이런 판에 박힌 습관은 하나의 언어를 읽고 쓰는 습관과도 연계된다)까지 포함한다. 하지만 습관 말고 기질 문제도 있다. '비판적인 것'은 비판적인 사람에게 어떤 자격을 부여한다. 다시 말해 비판적인 것은 비판적인 사람이 도대체

---

7 John Passmore, *The Philosophy of Teaching* (Cambridge: Harvard University Press, 1980), 168.

어떤 부류의 사람인가를 결정한다. 역으로 자신이 어떤 부류의 사람인가 하는 것은 그가 비판적이거나 반성적이 되는 정도를 결정하는 데 도움을 준다. 바꿔 말하면, 비판적으로 되기를 배우는 것은 일종의 '자아 형성'이나 '자아 변혁'을 수반한다.

신학적 적성을 구성하는 "비판적으로 되는 특별한 방법"은 ―즉, 신학적 판단들을 내릴 수 있는 능력이나 기질은― 어느 정도 이와 관련된 각각의 학과목에서 어떤 기교나 기술 등등을 습득하는 것에 달려 있다. 그러나 그렇다고 해서 이 방법은 어떤 기술이나 판에 박힌 일로 축소될 수는 없다. 부분적으로 그 이유는 신학 탐구의 각 차원이나 각 국면에 필요한 능력을 갖추기 위해서 패스모어가 말하는 "개방된(닫히지 않고, 열린) 능력"이 필요하기 때문인데, 이 개방된 능력과 관계된 탐구는 언제나 예측할 수 없고, 상상력과 창의력을 요구하는 방법으로 꾸준히 발전해나가기 때문에 '완벽한 숙달'은 아예 불가능하다.[8] 이런 사실의 또 다른 부분적 이유는 이 능력 행사하는 것을 배우는 일―신학적 판단을 배우는 일, 변별력과 통시력을 배우는 일―은 분명히 일종의 개인의 인격을 형성하는 문제이기 때문이다. 아이리스 머독은 '주의'라고 부르는 능력을 기술할 때, 이렇게 말한다. "주의는 세상을 있는 그대로 보게 되는 하나의 과제이다."[9] 그녀가 언급한 과제란 도덕적 과제다. 이 도덕적 과제는 "자신의 세계 바깥에 있는 것을 보지 못하게 가로막는, 어떤 위안을 주는 소원이나

---

8 Passmore, 40-45.

9 Iris Murdoch, *The Sovereignty of Good* (New York: Schocken Books, 1971), 91.

꿈, 자기과장(자기자랑) 투성이를 똑바로 인식하고 극복하는 것"을 포함한다.[10] 또한 이 도덕적 과제는 인내와 겸손, 자비를 요구한다. 물론 이 도덕적 과제와 이 과제가 요구하는 것을 기술하는 다양한 방법이 있다. 그 한 방법인 '영성 형성'이라는 전통 언어는 몇 가지 자원을 제공한다. 우리가 일상적으로 빠지는 자기기만의 사회적이고 역사적인 차원을 점점 더 의식하게 됨에 따라서, 위르겐 하버마스Jürgen Habermas(1929~)나 칼-오토 아펠Karl-Otto Apel(1922~2017)과 같은 포스트마르크스주의 학자들의 이른바 '비판 이론'과 같은 도구가 이 비판 이론이 제시하는 이데올로기 분석과 해방을 위한 해법과 함께 다른 보완 자원을 제공하거나, 적어도 이 차원을 더욱 성찰하도록 자극을 줄 수 있을 것이다.[11] 어쨌든 '형성'과 비판적 탐구 사이의 관계에 대해 꽤 오랫동안 지속해온 오해를 제거하는 한 ―또한 이 책에서 추구하는 형성이 정확히 신학적 판단을 내릴 수 있는 비판적 적성의 형성인 한― 신학 교육이 '형성'으로 적절히 간주될 수 있다는 사실은 의심할 여지가 없다. 이런 비판적 적성을 하나님이 부여하신 하비투스로 보지 못할 이유가 없으며, 이 비판적 적성에 이르는 길을 기도하고 명상하고 시험하는 길로 기술 못 할 이유 역시 없다. 또한 전통적으로 '회개'로 지칭되는 "순종적으로 정직하게 자신을 인식하고

---

10 Murdoch, 59.
11 예컨대, Jürgen Habermas, *The Theory of Communicative Action, Volume One: Reason and the Rationalization of Society*, tr. Thomas McCarthy (Boston: Beacon Press, 1984); Karl-Otto Apel, *Toward a Transformation of Philosophy*, tr. Glyn Adey and David Frisby (London: Routledge and Kegan Paul, 1980)을 보라.

진리에 마음의 문을 여는 자세"와 이 비판적 적성을 긴밀히 연관 못 시킬 이유도 없다. 사실 '신앙'과 '비판적 탐구'를 서로 대립 투쟁하는 것으로 특징 지운 나머지, 둘 중 어느 하나는 영영 사라져야만 한다고 보는, "자주 기승을 부리는 위험하기 짝이 없는 잘못된 시도"에 대항하는 것은 나름 충분한 이유가 있다.

위에서 언급한 것처럼 신학 교육을 두 번째 대안으로 기술하는 것—즉, 신학 교육을 전통을 신실하게 전승하는 것으로 기술하는 것—과 관련해서는, 신학적 판단을 배워가는 과정에서 '객관적' 신학의 역할이나 신학적 판단들을 논할 때 5장의 앞부분에서 이와 관련된 요점 가운데 일부를 이미 지적했다. 신학 교육은 "판단들을 만들어 내는 작업"—즉, 기독교 전통의 대표적 표본을 심사숙고하고, 비판하고, 자기의 것으로 만들어 사용하는 작업 (혹은 폐기하는 작업)—뿐만 아니라, 기독교 신앙의 내용에 대해 잠정적이긴 하지만 우리 자신의 매우 중요한 이해를 습득하는 것까지도 포괄한다고 주장했다. 어떤 의미로든지 간에 전통과 맞닥뜨리지 않는 신학 교육은 있을 수 없다. 하지만 첫 번째 대안과 마찬가지로 비판적 탐구 작업과 전통이 서로 충돌을 일으키는 "신학 교육과 전통이 만나는 과정을 이해하는 방법"이 있다. 이 두 번째의 잠재적으로 문제가 되는 관계성을 주목할 필요가 있다.

신학 교육을 "전통을 전수하는 문제"로 보는 것은, 신실하고 생명력 넘치는 그리스도인이 되는 것이 "건전한 교리를 유지하는 것"에 달려 있다고 믿는 일부 '고백' 교회 진영에서 특히 중요할 수 있다.

물론 고백 교회 가운데 일부 분파는 도대체 '고백'이 무엇인지를 제대로 규명하지 않을 수도 있고, 꼭 이 전통을 대단히 존중하지 않는다고 스스로 생각할 수도 있다. 그리하여 고백 교회의 일원一員임에도 다만 자신을 "소박하게 성경을 믿는 크리스천"으로 겸손히 말할 수도 있다. 그런데도 "소박하게 성경을 믿는 크리스천이 도대체 어떤 사람이냐?"에 대한 질문을 받을 경우, 그는 틀림없이 굉장히 분명하고 정의가 잘 된 신앙 규칙regula fidei으로 ─즉, 자신이 단지 형식에서가 아니라 내용에 있어 필수불가결한 것으로 믿는 신앙의 내용을 설명하는 것으로─ 대답을 대신할 것이다. 훨씬 더 노골적으로 전통주의적이고 고백주의적인 노선을 걷는 분파는 어떤 특정 교파의 유산이나 교파의 정체성을 보존하는 일에 (단지 자신의 교파만을 위해서가 아니라, 교회 전체의 선익을 위해서[12]) 단도직입적으로 관심을 기울일 것이다. 아무튼 이런 분파는 교회 지도자를 길러내는 신학 교육의 필수적 핵심이 기독교 증언의 교리적 핵심 내용을 통달하는 데 있다고 본다. 이 사실은 주석 류類의 성서 연구에 집중하거나, 아니면 교의학이나 교리사에 집중하는 것, 혹은 이 세 가지 모두에 집중하는 것으로 나타날 수 있다. 이런 식의 신학 교육이 준비시키려는 목사를 비롯한 여러 교회 지도자는 "무엇인가를 아는 사람"─즉, 성경이나 교리를 알거나, 주로 이런 지식을 소유함으로써 권위 있는 교사나 설교자가 되는 사람─일 것이라고 추정된다.

---

12 예컨대, Carl Braaten and Robert W. Jenson (eds.), *Christian Dogmatics*, Volume I (Philadelphia: Fortress Press, 1984), xviii-xix의 서론을 보라.

신학 교육을 설계하고 교회 지도력을 이해하는 데 '객관적 전통'
이 그토록 중요한 위치를 차지하는 앞에서 말한 고백주의 교파들은
차치하고서라도, 객관적 전통에 어느 정도 주의를 기울이지 않는 교
파는 거의 없을 것이다('객관적 전통'이 압도적으로 중요한 곳에서조차
객관적 전통만이 지배하는 것은 아니다. '형성'에 대한 관심이나 전문 능력
에 대한 관심도 대개는 어느 정도 명백히 함께 드러난다). 어떤 환경이든
지 간에 신학 교육을 시행하는 상황에서 이처럼 "전통을 전수하는
과정"이 마땅히 취해야만 하는 형식에 대한 질문이 나올 법하다. 이
질문은 신학 교육에서 교리가 차지하는 역할에 대한 질문 형태로 가
장 잘 표현될 수 있다.

신학 교육에서 사용하는 교리는 "교회가 가르치는 것"을 말한다.
교리를 광범위한 의미로 적용할 경우, '교리'는 교회에서 가르치는
모든 것—즉, 초교파 공의회가 내리는 결정에서부터 지난 주일에 한
모든 설교 내용과 교회 학교의 가르침에 이르기까지의 모든 것—을
총망라할 수 있다. 하지만 이 책에서 말하는 교리는 좀 더 엄격한 의
미의 '교리'인데, 한 특수한 교회 기관이 "기독교 증언을 규범적으로
진술해놓은 것"이나 "기독교 증언에 대해서 안내해놓은 것"으로서
"공식적이고 외부적으로 제시하고 재가한 것"을 지칭한다(물론 "공식
적", "외부적", "권위 있는 것으로 재가된" 가르침을 이루는 것이 무엇인가
에 대한 물음은 교회 기관마다 다르다. 어떤 교회 기관에는 이 문제를 확인
하는 데 꽤 분명한 특징이 있다. 그런가 하면 어떤 교회 기관은 권위 있는
것으로 재가된 교회의 가르침 개념 자체에 문제가 있다고 보기 때문에, 권

위 있는 것으로 재가된 가르침 규범으로 기능하는 것은 무엇이든지 간에 결정하기가 훨씬 더 어렵다). 이렇게 엄격한 의미에서의 교리는 보통 기독교 증언에 대한 진술문의 형식을 취하지만, 직접적으로 증언의 기능을 **하도록** 작정된 것이 아니라, 증언에 대한 **지침**─즉, 증언을 수행하는 책임을 맡은 이들을 안내하는 기준이나 원칙─의 기능을 하도록 의도된 것이다. 이런 교리는 일종의 '문법 규칙'이나 '문법 모형'과 유사한데, 그 규칙이나 모형을 일일이 다 직접 설명해야 할 상황은 거의 없겠지만, 이 규칙과 모형을 제대로 숙지해 둔다면 엄청나게 다양한 상황에서 문법대로 정확하게 말할 수 있는 데 큰 도움이 된다.13

신학을 "기독교 증언의 타당성을 비판적으로 탐구하는 학문"으로 이해할 경우, 신학은 자주 교리에 집중한다. 이처럼 교회가 공식적으로 가르치는 교리에 주의를 집중할 때 몇 가지 불행한 결과가 초래됐다. 즉, 교리에 집중한다는 것은 교회가 하는 행위를 상대적으로 신학적으로 등한시한다는 사실을 의미하는데, 교리적 표현과 구별되는 바, 특히 교회가 통상 말과 행위를 통해 "증언하는 행위로 부르는 것"을 등한시한다는 사실을 의미했다. 신학자들은 대개 증언의 실제 수행을 비판적으로 반성하는 일보다는, 교리를 분석하고 비평하고 개선하는 일에 훨씬 더 능숙한 편이었다. 교리가 증언의 방향을 설정할 때 하는 역할을 고려한다면, 교리에 신학적으로 몰두하는 것은 납득이 간다. 어쩌면 교리에 신학적으로 몰두한다는 사실에 문제

---

13 교리를 문법으로 취급하는 매우 독창적이고 중요한 책을 보고자 한다면, George A. Lindbeck, *The Nature of Doctrine: Religion and Theology in a Postliberal Age* (Philadelphia: Westminster Press, 1984)를 참조하라.

가 있다고 하기보다는, 이렇게 "몰두하는 것의 성격"에 문제가 있다고 해야 할 것이다. 신학은 일반적으로 교리의 기능은 도외시한 채, 주로 교리의 내용에 관심을 기울여 왔다. 사정이 이렇다면, 문제에 대한 해결책은 교리에서 다른 어떤 분야로 초점을 옮기는 데 있지 않고, 초점의 범위를 충분히 넓혀서 교리가 교회 생활을 규제하는 하나의 도구로서 실질적으로 기여하는 (혹은 기여하지 못하는, 아니면 더 잘 기여하는) 방법을 보여 주는 데 있을 것이다. 다시 말해 교리에 대한 신학적 반성의 실천적 차원을 훨씬 더 심화시킬 필요가 있다는 말이다. 만일 실천신학이 조직신학(교리에 가장 집중을 많이 하는 신학) 바로 뒤에 따라오고, 조직신학의 결과를 현장에 적용하는 문제를 다루는 신학의 한 국면으로 생각하지 않고, ―이 책에서 주장하는 것처럼― 기독교 신학이라는 통전적 단일 탐구의 한 조정하는 차원인 동시에 조직신학을 구성하는 한 부분으로 생각한다면, "교리의 기능적 적합성"에 대한 실천신학의 독특한 질문을 진지하게 고려하는 문제는 훨씬 더 수월해질 수 있다. 이렇게 말한다고 해서 신학이 증언의 실제 수행의 문제를 제쳐둔 채, 신학의 관심을 교리에만 정당하게 제한시킬 수 있다는 말이 아니다. 외려 교리적 단계에서 이미 실천적 차원이 관여된다면, 증언의 실제 수행에 대한 신학적 반성은 훨씬 더 향상될 것이라는 점을 제안하려는 것이다.

아무튼 교리를 맞닥뜨리는 문제는 신학 교육에서 핵심 역할을 한다. 신학생이 기독교 전통의 핵심 내용―즉, 유산으로 물려받은 이전에 내린 '판단들'과 타당한 증언을 구성하는 것이 어떤 것인가에 대한 '제안들'—을 접하게 되고, 이것을 반성하게 되는 것은 주로 '교리'로 알려진 기독교 증언의 모형이나 원칙을 통해서다. 그러나 이런 비판적 반성 과정은 '건전한 교리'를 전승하는 작업—이 전승 작업을 신학 교육의 주요 임무라고 생각하는 사람도 있고, 교회 지도자를 길러내는 준비 훈련에 이 전승 작업을 하찮거나 불필요한 요소로 생각하는 사람은 아무도 없지만—과 정확히 어떻게 일치하는가? 비판과 '형성'을 상반된 개념으로 볼 수 있듯이, 비판과 '전통'을 상반된 개념으로 볼 수도 있다. 이렇게 상반된 개념으로 생각할 경우, 비판적 탐구는 "전통으로부터의 해방"을 요구한다. 다시 말해 이 경우 비판적 탐구는 전수받은 것을 그대로 수용하는 것이 아닌, 자신의 판단들을 자유롭게 내리는 것을 의미한다. 그렇다면 '전통'으로서의 교육은 '형성'으로서의 교육과 양립될 수 없을 뿐 아니라, 비판적 탐구 정신이나 의도와도 양립될 수 없다.

하지만 이전의 경우와 마찬가지로 이런 대립도 잘못된 것으로 볼 수 있다. 확실히 전수받은 것에 "비판적으로 관여할 가능성"을 배제하는 식으로 전통을 전승하는 과정을 기술할 수도 있고, 심지어 시도할 수도 있다. 이렇게 되면, 전통을 전승하는 과정은 암기나 반복 연습의 문제—궁극적으로, 통속적 의미로 '습관'의 문제—가 되고 만다. 하지만 이런 접근법은 전통이 심각하게 침식되는 것을 막아줄 목적을 가졌다고 할지라도, 결국은 전통을 파괴하게 될 것이 분명하다. 이런 접근법으로는 살아있는 전통을 보존할 수 없는데, 그 이유는 전통을 전수받은 사람이 하나의 전통을 생생하게 살아있게 할 수 있는 바로 그 행위—즉, 전통을 정화할 수 있고, 갱신할 수 있고, 새로운 상황에 적합하게 만들 수 있는, 판단을 내리고 상상하는 행위—를 포기했기 때문이다. 사람이 회개할 필요가 있듯이, 전통에도 회개가 필요하다. 신학 탐구는 —이 탐구가 참되고 신중한 노력이 될 때— 개인이나 전통이 자신을 비판하는 도구가 될 수 있고, 마땅히 그렇게 돼야만 한다. 교회 신학으로서의 신학 탐구는 교회가 시도하는 기독교 증언의 타당성과 관련해서 교회 자신을 반성하는 것일 뿐이다. 교회 교리—교회가 일상 행동을 할 때 필요한 지침을 얻고자 하는 원칙—는 이처럼 신학 탐구를 할 때 교회 생활의 지침으로서 과연 타당성이 있는가에 대해서 심문審問을 받게 된다.

교리를 수동적으로 전해 받는 것과는 차원이 다른, 이처럼 교리를 비판적으로 심의하는 과정을 통해 사람들은 하나의 살아있는 전통의 연속성을 유지하는 문제의 관건이 달린 교리 유산에 통달하게 된다. 예컨대, 우리는 삼위일체론이 어떻게 하나님의 실재에 대해 규범적으로 기독교 증언을 표현하는가를 (삼위일체론이 그렇게 표현한다고 가정하면서) 이해함으로써만, 삼위일체론을 수정하고, 재再개념화하고, 대체하려는 일체의 제안에 현명하게 대처할 수 있다. 삼위일체론의 본질적인 것을 단순히 이 삼위일체론을 배태한 주변 상황의 비본질적 요소와 구별해낼 때만, 새로운 상황에 알맞게 삼위일체론을 개작改作할 수 있다. 삼위일체론이 우리가 처한 현상황에서 기독교 증언을 수행하는 데 꼭 필요한 하나의 적절한 원리가 되게 하는 것이 (삼위일체론이 그런 원리가 된다고 가정하면서) 무엇인지를 알아냄으로써만, 우리는 삼위일체론을 적절히 사용할 수 있다. 아니면(잠시 이 가정을 포기하고, 이 가정의 경쟁 이론을 고려하기 위해), 우리가 이 삼위일체론으로부터 하나님에 대한 규범적 기독교 증언을 구별할 때만, 우리는 모든 점에서 더 큰 타당성 주장을 하는 다른 대안들을 자유롭게 검토할 수 있다. 아무튼, 우리는 교리 유산을 비판적으로 반성함으로써 그 교리 유산을 우리 자신의 것으로 만들어 활용할 뿐 아니라, 우리 스스로 이 교리 유산을 올바로 전달하는 책임적인 청지기들이 될 수 있다. 그러므로 신학 교육을 "비판적 탐구 교육"으로 이해하는 것은 신학 교육을 "전통을 자기의 것으로 만들어 사용하는 과정"으로 이해하는 것의 경쟁자가 아니다. 전자는 후자의 자기 파괴적 형태와 어느 정도 긴장을 갖는 것이 분명하다. 하지만 신학 교육을 비판적 탐구 교육으로 이해하는 것이 신학 교육의 목적을 더 참되고 더 철저하게 실현하는 데 핵심이 된다는 사실은 너무도 분명하다.

위에서 언급한 세 번째 대안—그 본질에서 "목회 사역의 과제를 실현하기 위한 전문 교육"으로 신학 교육을 보는 견해—에 관해서 말하자면, 이 대안이 본서에서 제안한 신학 교육의 이해와 갖는 관계성은 앞에서 살펴본 두 가지 관계성과는 형식적으로 다르다. 두 가지 대안 각자에서 우리가 발견해낸 것은 우리가 비교한 이해 각자에 또 다른 이해가 함축돼 있다는 사실이었다. 다시 말해 신학 탐구 교육은 어떤 의미에서 '형성'인데, 이 '형성'은 "비판적이 되는 것을 배우는 과정"을 포함하며, 신학 탐구 교육은 전통을 자기의 것으로 만들어 사용하는 과정을 함축하고, 또한 전통을 자기 것으로 만들어 적절히 사용하는 모든 과정은 신학적 판단을 사용하는 것을 포함한다. 하지만 세 번째 대안에서의 관계는 상호 함축의 관계가 아니다. 이 관계의 특성을 다음과 같이 간략히 말할 수 있다. 신학 교육이 반드시 목회 사역을 위한 전문 교육일 필요는 없지만, 목회 사역을 위한 제대로 된 전문 교육의 핵심은 신학 교육에 있다. 물론 여기에서의 '신학 교육'은 신학 탐구를 위한 교육을 의미한다. 어떤 부류의 목회 지도자이든지 간에 목회 지도자를 준비시키려는 목적 없이도 얼마든지 신학 교육을 적절히 하거나 받을 수 있다. 하지만 신학적 능력을 제대로 습득시키지 않고서는 교회 지도자를 올바로 준비시키는 일을 할 수는 없다.

신학 교육이 단순히 사역자를 길러내는 전문 훈련 과정이 아니라고 생각한 사람들은 지금까지 말한 명제의 절반("목회 지도자를 훈련하는 목적 없이도 신학 교육이 가능하다"라는 명제 _옮긴이 주)을 선뜻 인정할 수 있을 것이다. 이들에게 이런 신학 교육은 이 전문 훈련 과정이 '신학'으로 지칭한 어떤 것을 그럭저럭 그 중심에 포함하고 있던, 구시대로부터 물려받은 진기한 유물에 지나지 않았다. 다시 말해 신학 교육에 의한 일관된 탐구가 여전히 있다면 ―즉, 신학 교육은, 그것이 어떤 것이든지 간에, 목회 사역과 관련된 교육을 구성하는 일군의 연구들을 한데 모아놓은 집합 용어가 아니라고 한다면― 이런 탐구에 대한 훈련을 '신학 교육'으로 부르는 것은, 비록 신학 교육의 일반 용법이 아니라고 할지라도, 타당할지도 모른다. '신학'이 비교적 커리큘럼의 소규모 영역을 차지하고, 신학과 커리큘럼 전체의 관계를 놓고 고려할 때를 제외하고서 신학이 커리큘럼의 문제가 많은 구성 요소 가운데 하나처럼 보이는, 적어도 전형적인 미국 개신교 신학대학의 상황에서 이 명제의 후반부("신학적 능력을 제대로 습득시키지 않고서는 교회 지도자를 올바로 준비시킬 수 없다"라는 명제. _옮긴이 주)는 더 많이 해명되고, 더 많이 옹호될 필요가 있다. 그렇다면 신학 탐구 교육이 어떻게 교회 지도자를 훈련하는 데 핵심이 될 수 있을까?

신학 교육은 신학적 판단을 길러주는 것이다. 신학 교육은 4장에서 '통시력'과 '변별력'으로 명명命名한 행위—즉, 기독교 증언을 그 통일성을 염두에 두고 풍부한 상상력으로 파악해내고, 우리가 처한 특수한 상황을 증언을 수행하는 장場으로서 평가하고, 잠재적으로나 현실적으로 복음을 전달하는 노력을 시험하는, 그런 행위—를 위한 하비투스를 습득하는 것이다. 이것을 설명하는 과정에서 이 행위의 역동적이고 발전적인 특징을 강조했다. 통시력과 변별력은 판에 박힌 진부한 행위가 아니다. 통시력과 변별력은 지성과 감수성, 상상력, 예상치 못한 문제를 기꺼이 다루려는 자세를 요구한다.

'교회 지도력' 그 자체가 기존 기능을 상투적으로 되풀이하는 행위 그 이상을 의미한다면, 정확히 이 하비투스야말로 교회 지도자로서의 자격을 갖춤에 있어서 가장 중요하고 필수불가결하다. 이 점에 대해서 에드워드 활리가 제기한 다음의 주장을 상기하라. "외부의 과제를 신학 교육의 유일무이한 목적으로 삼아 이 외부 과제에 집중하면 집중할수록, 목회자는 이 과제를 완수해낼 자격을 점점 더 상실하게 된다."14 이것은 목회 사역의 과제를 제대로 수행하기 위해서 "기술적인 숙달"을 넘어서는 그 이상의 '신학적 판단'이 필요하기 때문이다. 슐라이어마허는 이런 신학적 판단을 발전시켜나가는 데 더 적절하다고 자신이 생각한 과목들—즉, 우리가 처리해야 할 문제를 심사숙고할 때 하나의 근거로서의, 기독교의 본질과 기독교의 실제 현실을 파악하고 비교하는 것을 배우는 연구 과목들, 즉 그가 말하는 '철학적 신학'과 '역사신학'—에 신학 연구의 '기술적技術的' 측면(실천신학)을 의존하도록 했을 때, 이 사실을 분명히 인식했다.

그러나 이런 판단이 현재의 전형적인 커리큘럼 상황에서 어떻게 형성될 수 있으며, 이 판단 형성이 목회 사역을 위한 교육의 좀 더 엄밀하게 전문적인 측면과 어떻게 연관될 수 있을까? 이 질문에 답하려면 신학 커리큘럼에서 '신학'이 차지하는 위상位相에 대한 우리의 시야를 먼저 확장하는 것으로 시작하는 것이 좋겠다. 이것은 조직신학이 요구하는 강좌의 수를 늘리거나, 어떻게 해서든지 조직신학 강좌의 명성을 드높이는 것을 말하는 것이 아니다. 이것의 요점은 커리큘럼 전체를 진정으로 '신학적인 커리큘럼'으로 이해하자는 것, 즉 커리큘럼 전 과정이 학생들이 신학 탐구를 잘 할 수 있는 적성을 함양하도록 정해진 방대한 자원으로 이해하자는 것이다. 이런 이해는 개별 분야와 강좌를 편성하고, 교수하는 방식에 영향을 미친다. 모든 강좌가 그 특성상 노골적으로 신학적이 될 필요는 없겠지만, 각 강좌

---

14 Edward Farley, *Theologia: The Fragmentation and Unity of Theological Education* (Philadelphia: Fortress Press, 1983), 128 (1장에서 이미 인용한 것처럼).

를 통해서 배운 학습 내용이 신학 탐구와 어떤 관계가 있는가 하는 문제는 반드시 명쾌히 정리돼야만 한다. 논리학 강좌나 멕시코계 미국인의 역사, 종교 사회학은 신학교나 신학생이 처한 상황과 목적에 적절한 방식으로 신학적 판단을 기르는 것과 연관된 개념이나 기술, 자료를 제공해주는 한, 어떤 신학 커리큘럼이나 특정 신학생의 연구 계획에 매우 중요한 역할을 할 수 있다. 성서 언어 강좌, 교회사 강좌, 여타의 전통적인 교과 과정의 강좌들은 이와 유사하게 그 자체로서는 '비신학적'이겠지만, 신학적 목적에 기여할 수 있다. 그렇다고 해서 조직신학 영역 밖에 있는 모든 교과 과정의 강좌들이 노골적으로 신학적일 필요가 없다고 지레짐작해서는 안 될 것이다. 신학 탐구의 각 차원은 그 자신의 독특한 문제와 방법에 주의를 집중함으로써 가장 잘 개발되는 능력을 요구한다. 신학을 이른바 신학자들—특히, 조직신학자들—에게 다 미뤄버리고 동료 학자들에게는 어떤 신학적 책임도 단념하게 만드는 것은 극히 불행한 일이다. 물론 최고로 좋은 조건하에서조차도 학생들은 대체로 이용 가능한 자료로부터 자신의 신학 교육을 끌어내야만 하고, 자신의 사상 계보의 인맥을 만들어나가야 하고, 선생들이 불가피하게 남겨둔 결함을 보완해야만 한다. 하지만 이런 성질의 '인격적 통합'을 여지없이 꺾어버리는 커리큘럼 배치가 있다. 신학교 생활에는 회개의 여지가 있는데, 바로 이 사실이야말로 분명히 어느 정도 지속적으로 자기 성찰을 할 필요가 있는 한 가지 ―결코 유일한 것은 아니겠지만― 사항일 것이다.

　이제 '신학 교육'과 '목회 사역을 위한 전문 교육'의 관계에 대한 마지막 요점 한 가지를 언급할 필요가 있다. 3장에서 '실천신학'을 '목회 신학'과 상투적으로 동일시하는 것은 양자 모두에게 해가 된다는 사실을 지적했다. 실천신학과 목회 신학을 동일시하는 것은 곧 '기독교 실제 전체'를 '목회적 실제'와 동일시하는 것이며, 목회 실제를 다루는 것을 기술을 논하는 문제로 쉽게 격하시켜서, 목회 신학을 일차원적 작업으로 축소할 수 있다. 신학 커리큘럼 내부에 목회 사역을 위해서 ―혹은 다양한 형태의 교회 지도력 행사를 위해서― 필요한 전문 훈련을 위한 입지가 분명히 있다. 하지만 이런 입지는 오로지 실천신학에만 있는 것이 아니고, 교과 과정표에 첨가된 일종의 비신학적 부록에 있는 것도 아니다. 목회 사역을 위한 교육의 특별히 전문적 요소는 편리한 곳에 제멋대로 덧붙이는 단순한 기술 습득의 문제가 아니다. 이 요소는 외려 훨씬 더 광범위한 신학 탐구를 상세하게 설명해놓은 **상술**詳述/specifications로 보는 것이 가장 좋다. 다시 말해 여기에서 (예컨대, 목회직 전체를 우리가 어떻게 이해하는가와 설교나 행정의 과제와 관련해서) 타당한 기독교 증언을 구성하는 것에 관한 탐구가 **구체화**된다. 즉, 이 목회의 직능, 이 설교, 이 행위를 참된 증언으로 구체화하는 것(구체화할 수도 있는 것)은 무엇인가? 이 질문의 해답을 찾는 과정은 이 과정의 실천적 차원뿐만 아니라, 조직신학적 반성에 뛰어드는 것이기도 하다. 이렇게 해답을 찾는 과정에서 바로 적절한 기량과 기술을 숙고할 필요가 있는 것이다. 우리 자신의 직업 정체성과 능력을 찾아내는 상황에서 이 질문들이 제기될 때 ―대개 그렇듯이― 탐구 작업을 위해서 어느 정도 그런 기량과 기술을 통달할 필요도 있다. 그런데도 이것은 또한 기술적인 것을 넘어서는 문제이기에 신학적 판단의 실행을 요구한다. 신학 커리큘럼을 설계할 때 이렇게 이해한 목회 신학의 연구(혹은 교회 지도력의 다양한 형태에서의 목회 신학 연구에 대응하는 연구)가 어떻게 하면 가장 잘 다뤄질 수 있는가 하는 문제는, 그 특성이 상황마다 현저히 다를 수 있는 여러 가지 다른 실제 문제들을 고찰해야지만, 결정될 수 있다.

옮긴이 붙임글

신학 연구와 신학 교육의 본질에 관하여

신학계의 비트겐슈타인

이 책은 찰스 M. 우드의 *Vision & Discernment: An Orientation in Theological Study*를 완역한 것이다. 북미의 여러 신학 대학이 신학 입문 강좌의 교과서로 자주 사용하는 책이다. 신학이 무엇이며, 신학을 어떻게 연구해야만 하는지에 대한 근본 문제를 우드 특유의 독창적 사고와 간결한 문체로 정리한 역작力作이다. 적어도 신학 연구의 본질과 신학 연구 방법론에 관한 기초 신학적 논점을 이보다 더 예리하고 심층적으로 분석하고, 설득력 있는 대안을 제시해 놓은 책은 드문 듯싶다. 그야말로 신학 연구에 뛰어들기 전 모든 신학도와 목회자가 반드시 한 번은 정독해야 할 필독서라는 확신에서 이 책을 번역하게 됐다.

우드는 1944년 콜로라도 주 샐라이다에서 출생했다. 덴버대학교에서 학사 학위를, 보스턴대학교에서 신학 석사 학위를, 예일대학교에서 철학 박사 학위를, 각각 취득했다. 연합감리교회^{UMC}에서 목사 안수를 받은 뒤, 현재 록키 마운틴 연회의 정회원으로 있다. 1976년 텍사스 주 댈러스의 남감리교대학교^{Southern Methodist University}의 퍼킨스신학대학^{Perkins School of Theology}의 조직신학/교리신학 교수로 임용돼, 2011년에 은퇴하기까지 꼬박 35년간 SMU에서 봉직했다. 석좌 교수로 재직하다가 2005~2010년까지 종교학부의 박사원 원장으로 취임해 수많은 신진 학자들을 길러냈다. 우드는 특히 북미 '신학대학협의회^{Association of Theological Schools}'의 각종 연구 프로젝트에 적극적으로 참여해 신학 연구의 본질과 방법론을 해명하는 데 크게 공헌했다는 평가를 듣고 있다. 2011~2012년에는 '미국신학회^{American Theological Society}'의 부회장으로, 2012~2013년에는 회장으로 각각 피선돼 그의 학문적 성과와 지도력도 널리 인정받았다.

우드는 신학 연구의 본질과 방법론에 관한 관심뿐만 아니라 '신학적 해석학'(성서 해석과 성서 사용을 지배하는 원리에 관한 연구), '섭리론 이해' 등등에 신학적인 관심을 쏟고 있다. 현재까지 저술한 책들로는 *Theory and Religious Understanding* (1972), *The Formation of Christian Understanding* (1981), *Vision and Discernment: An Orientation in Theological Study* (1985), *An Invitation to Theological Study* (1994), *The Question of Providence* (2008), *Attentive to God: Thinking Theologically in Ministry* (Ellen Blue와 공저, 2012년 옮긴이에 의해 『일상목회와 신학적 성찰』로 출간), *Love that Rejoices in the Truth: Theological Explorations* (2009)이 있고, 기타 수많은 논문을 발표했다. 실로 우드는 "신학계

의 비트겐슈타인"이라고 할 만큼, 간결하지만 특유의 독창적 사상이 반짝이는 책을 써오고 있다. 우드의 책은 대부분 100쪽 미만으로 얇지만, 그 행간에는 반드시 예리한 통찰과 심오한 지혜가 묻혀 있다. 옮긴이가 번역한 이 책도 비트겐슈타인의『철학적 탐구*Philosophical Investigations, 1953*』에 비견될 만큼, 신학 연구의 근본 문제를 번뜩이는 통찰력으로 분석하고 창조적 대안을 제시한 명저다.

"Paideia" Vs. "Wissenschaft"

데이비드 켈시David Kelsey(1932~)는 오늘의 북미 신학 교육의 정체성을 신학적으로 분석하고 비판한 두 권의 저서를 내놓았다.[1] 켈시에게 신학 대학이 일반 세속 대학과 두드러지게 구별되는 것은 전자가 "참된 하나님 이해로 인도하는 것으로 믿어지는 것을 연구하는 공동체"[2]라는 사실에 있다. 마치 신학의 중심 주제와 대상이 '하나님' 그 자체에 있는 것처럼, 신학 대학의 특수성은 '하나님'을 참되게 이해하려는 모든 노력이 응집된 공동체라는 사실에 있다는 것이다. "하나님을 어떻게 참되게 이해할 것인가"에 대한 시각과 방법이 신학교마다 다르기 때문에 매우 다양한 성격의 신학 교육기관이 출현한다. 특히 하나님을 좀 더 참되게 이해하려는 노력의 일환으로서

---

1 David Kelsey, *To Understand God Truly: What's Theological About a Theological School* (Louisville, Kentucky: Westminster/John Knox Press, 1992); *Between Athens and Berlin: The Theological Education Debate* (Grand Rapids, Michigan: William B. Eerdmans Publishing Company, 1993).

2) *To Understand God Truly*, 31.

기독교와 관련된 모든 것—즉, 성서와 전통을 비롯한 기독교와 관련된 일체의 자료—을 해석할 때 강조하는 주안점과 방법론의 차이에 따라서 보수주의와 진보주의, 복음주의와 자유주의 등등의 신학교 특유의 노선이 갈라지게 된다. 예컨대, 하나님을 참되게 이해하는 길이 '비판적 탐구'나 '이론적 분석' 방법에 있기보다는, '명상'이나 '경건 훈련', '사랑의 실천 행위'에 있다고 보는 신학교는 당연히 복음주의적이고 보수적인 노선을 걷게 된다. 반대로 비판적 추론이나 이론적 논구에 관심을 더 많이 기울이는 학교는 자유주의적이고 진보적인 경향성을 띠게 된다.

켈시는 기독교가 시작된 이래 하나님을 참되게 이해하는 방법은 크게 "명상이나 직관을 통한 방법", "추론적 이성을 통한 방법", "사랑의 체험을 통한 방법", "윤리적 실천 행위"를 통한 방법, 네 요소가 시대의 흐름에 따라 진자振子운동을 계속해 왔다고 본다.3 켈시에 따르면, 특히 신학 교육이 통일되지 않고 다양하게 파편화된 이유는 첫째로, 기독교 신학을 가르칠 때 "기독교적인 것"을 어떻게 해석하는가의 방법 차이, 둘째로 "하나님을 어떻게 참되게 이해할 것인가"에 대한 방법과 강조점의 차이, 셋째로 신학교가 교회 공동체를 어떻게 이해하고 이것과 어떻게 관계 설정을 하는가의 차이, 넷째로 최선의 신학 교육의 두 모형인 "아테네 유형의 파이데이아paideia"와 "베를린 유형의 비센샤프트Wissenschaft"를 어떻게 선호하고 조정하는가의 차이에 달려 있다고 주장한다. 이 글에서는 주로 켈시의 두 유형론, 즉

---

3 *Ibid.*, 34-50.

"아테네형 신학 교육"과 "베를린형 신학 교육"에 초점을 집중한다.

켈시는 20세기 후반의 수많은 신학교가 "최상의 신학 교육"을 제공하고자 몸부림치고 있는데, 크게 '파이데이아'를 강조하는 "아테네형 신학 교육"과 "비센샤프트"(고도의 과학적 연구 정신)에 치중하는 "베를린형 신학 교육"으로 대별할 수 있다고 본다. 헬라어 "paideia"는 "영혼을 훈육하는 과정"이나 "전인적 인격 형성의 교육"을 의미한다.4 고대 그리스-로마 전통은 청년을 책임적 시민으로 육성하기 위해서 참된 기질과 버릇, 덕성 등등의 내적 자질을 함양하는 교육을 강조했다. "파이데이아로서의 교육"의 목적은 젊은이들을 아테네의 책임적 민주 시민으로 살아갈 수 있도록 훌륭한 인격과 자질을 연마하고 구비하도록 하는 데 있었다. 그러므로 "파이데이아의 목적은 말 그대로 덕성과 인성 훈련을 통해 훌륭한 시민을 형성하는 데 있다."5 초대 교회는 고대 그리스-로마의 파이데이아 전통을 이어받아 진정한 그리스도인으로서의 내적 기질과 덕성, 영성을 함양하는 '아테네형 교육'에 신학적인 관심을 기울였다. 이제 정치적이고 공중적인 동기에 따라 실행된 세속적 파이데이아 교육은 하나님을 올바로 이해하려는 종교적이고 거룩한 의미의 '기독교 인격 교육'으로 변형됐다.

켈시는 '파이데이아'로 상징화되는 '아테네형 신학 교육'의 특징 넷을 제시한다.6 첫째로, '아테네형 신학 교육'은 직관적인 하나님 이

---

4 *Between Athens and Berlin*, 6.

5 *To Understand God Truly*, 68.

6 *Ibid.*, 73-75.

해에 대한 종교적 관심에 의해 지배된다. 둘째로, 배우는 학생의 '인격적 회심'과 '영적 회심'을 요구한다. 셋째로, 개인의 인격적 자질의 배양에 집중한다는 점에서 '개인적'이다. 넷째로, 매우 제한된 의미에서의 '공중의 이해관계'에 관심을 기울인다. 고대 그리스-로마의 파이데이아 교육이 사회 전반에 기여할 수 있는 '책임적 시민'을 양성하는 데 있었던 것처럼, 파이데이아형 신학 교육 역시 그 개인적 특성에도 불구하고 참된 기독교인으로서 교회와 공중 사회에 선한 영향을 미치게 하려는 '인성 교육'이라고 할 수 있다. 한마디로, 파이데이아에 집중하는 '아테네형 신학 교육'은 거룩한 기독교인으로서 변형되도록 거룩한 '기질'과 '영성', '전인격'을 강조하는 '인성 도덕 교육'이다.

파이데이아 전통과 달리, 매우 엄격한 학문적 규범과 리서치 연구 방법, 즉 '과학적 학문성'의 정신과 신학 교육의 '전문성'을 강조하는 '베를린형 신학 교육'이 있다. '베를린형 신학 교육'은 1810년에 설립된 '베를린대학교'가 근대 리서치 대학으로서 "잘 정돈되고 훈련된 리서치 연구 방법"(Wissenschaft)과 교회의 목회 사역에 종사할 전문 인력을 양성한다는 점에서의 '전문 교육'을 동시에 강조했다는 사실에서 착안된 모형이다. 계몽주의 이후 합리적 경험과 이성에 근거해 엄격한 학문성과 고도의 정밀한 역사 비판 연구 방법을 강조한 근세 대학의 정신에서 '베를린형 신학 교육'은 시작된다. '아테네형 신학 교육'이 계시나 성서와 같이 이미 주어진 권위에서 출발하는 것과 달리, '베를린형 신학 교육'은 인간의 공통 경험과 자율성에서 시작되는 '비판적 탐구'로서의 신학 교육이다. 슐라이어마허로부터 시작된 '베를린형 신학 교육'은 근대 리서치 대학이 표방하는 바, 대학이 진리와 자유를 추구하는 지성의 산실이며, "배우는 자유^{Lernfreiheit}"와 "가르치는 자유^{Lehrfreiheit}"가 철저히 보장돼야만 한다는 원칙에 철저히 부합하려고 한다. 특히 '베를린형 신학 교육'은 의학이나 법학이 사회 전체의 건강과 정의에 기여하는 '의사'와 '율사'를 길러내는 '전문 교육'인 것처럼, 신학 역시 사회-역사적 실체로서의 교회를 위해 영혼을 돌볼 '목회 지도자'를 육성하는 '실증 학문$^{positive\ science}$'—즉, 현장에서 그 가치가 입증되는 학문, '수학'과 같은 '순수 학문$^{pure\ science}$'과 구별되는 개념—이요, 전문 교육이라는 사실을 강조한다. '아테네형 신학 교육'이 하나님을 직접 체험해서 아는 '주관적 지식'을 강조하는 반면, '베를린형 신학 교육'은 신학적 자료와 관련해서 배우는 사람의 비판 분석과 검증을 요구하는 '객관적 지식'을 강조한다. 한마디로, '베를린형 신학 교육'은 신학이 '비판적 탐구'로서 일반 세속 과목에 적용되는 규범에 의해 추구돼야 할 "일반 리서치 대학의 한 분과로서의 공중적 위치"와 함께, '목회직'이라는 특수 사역에 종사할 지도자를 길러 내는 '전문성'을 동시에 강조하는 모형의 교육이다.

켈시는 이 두 유형의 신학 교육이 북미 신학계에 때로 혼재된 채, 때로 어느 한쪽이 지배적 양상으로 나타나고 있다고 본다. 하나님을 참되게 이해하려는 신학 교육이 엄청나게 다원화되고 있는 현실은 바로 이 두 유형 가운데 어느 한쪽을 더 강조하고 조정하는가에 달려 있다는 것이다. '아테네형 신학 교육'은 계시나 성서의 권위에서 출발해서 배우는 사람이 이와 관련된 자료를 자기의 것으로 만들어 사용하고, 기독교적 인격에 걸맞은 영성과 인성을 갖출 것을 요구한다. 반면에 '베를린형 신학 교육'은 인간의 공통 경험과 자율 이성에서 출발해 '비판적 탐구'의 주제와 대상으로서의 수많은 기독교 자료를 이론적으로 정리하고 다시 현장에 실천적으로 적용할 것을 요구한다.

켈시의 두 유형론은 한국 신학계의 현주소를 분석하는 데도 유용한 구조를 제시한다. 신학생의 경건 훈련과 덕성 함양에 치중하는 수많은 보수 신학 대학은 본질적으로 '아테네형 신학 교육'에 집중한다고 말할 수 있으며, 신학생의 비판적 학문 훈련과 이론적 구비 능력에 천착하는 진보 신학 교육 기관은 '베를린형 신학 교육'을 지향한다고 말할 수 있다. 분명한 것은 두 요소 가운데 어느 하나는 취하고 다른 하나는 폐기할 수 없다는 사실이며, 두 교육의 이상을 유기적으로 잘 통합시키는 것이 건강한 한국 신학 교육의 발전을 위해 바람직하다 할 것이다. 신학하는 사람의 좋은 파이데이아, 즉 좋은 기독교적 인격과 자질 없이 신학이 봉사하려는 교회와 사회에 선익을 끼치는 훌륭한 일꾼을 길러 내는 일은 어려울 것이다. 그렇다면 '베를린'식 일변도의 신학교에서 교육받은 신학생은 비판 분석 능력과 이론 지식은 출중할지 모르지만, 목회자로서의 인격과 덕성은 형편없이 빈곤할 수 있다. 마찬가지로 '아테네'식 교육에 편집증적으로 함몰돼있는 신학교 출신들은 좋은 기독교 영성과 유능한 실천성은 갖추게 될지 몰라도, 기독교 증언의 타당성에 대한 비판적 탐구에는 지나치게 어두운 나머지 '진리 주장'에 영영 귀를 막을 수 있다. 우리

시대의 교회 지도자는 좋은 "기독교적 인격 형성"과 "날카로운 신학적 비판 능력"을 모두 구비해야지, 어느 한쪽에 치우쳐서는 안 될 것이다. 켈시에 따르면 이 두 유형 가운데 어느 쪽이 더 낫다고 말할 수 없으며, 신학 교육의 통일성과 다양성 안에서 이 두 줄기는 모두 '최선의 신학 교육'을 위해 뚜렷이 기여할 수 있다고 본다.

켈시의 평가에 따르면, 신학 교육에 대한 찰스 우드의 입장은 양 유형을 "더욱 높은 차원에서 종합한 것"이 된다.[7] 다시 말해 우드는 신학 교육이 우리의 인격적 결단과 참여에 있다고 보는 아테네형의 주관적 측면과 신학적 데이터에 대한 비판적 탐구에 의해 얻어지는 베를린형의 객관적 양상을 모두 강조한다는 것이다.[8] 이 점에서 우드는 신학의 근본 목적이 하비투스*habitus*—즉, 전통적으로 '기도*oratio*', '명상*meditatio*', '시험*tentatio*' 등의 인격 영성 훈련을 통해 얻어지는 "신앙에 적합한 지적 성향"—를 배양하는 데 있다고 본 고전 입장과 철저히 비판적인 탐구로서의 근대적 신학 개념을 화해시키려고 한다.

무엇보다도 우드는 종전의 '이론과 실천'의 오도된 이원화 도식 대신에 '통시력統視力/vision, 全視力'과 '변별력辨別力/discernment'의 변증법적 긴장을 통한 신학 교육의 통전성統全性을 설명하려고 했다는 점에서 양유형의 창조적 종합자라는 것이다. (우드가 '통시력'과 '변별력' 개념으로 무엇을 의미하려고 했는지는 나중에 언급하겠다.)

켈시의 분석대로 우드는 비판적 탐구로서의 신학의 양보할 수 없

---

7 *Between Athens and Berlin*, 200.
8 *Ibid.*, 200-220.

는 '과학적 학문성'과 신학하는 행위와 기독교적 삶에 참여해서 얻어지는 내적 자질과 능력으로서의 '하비투스'—제한된 의미이긴 하지만, 하비투스야말로 켈시가 말하는 파이데이아에 상응하는 개념이다—를 동시에 강조한다. 우드에게 신학은 "개인적 참여를 통한 특수한 자질의 함양"(주관적 측면) 없이 충분히 실행될 수 없으며, 동시에 기독교 증언으로부터 자신을 어느 정도 유리遊離시켜 비판적으로 반성하는 행위 (객관적 측면) 없이 진정한 학문성을 기하기 어렵다. 우드는 이처럼 "베를린형 신학적 이상"에 부합해 신학 교육이 "매우 엄격하게 훈련된 비센샤프트를 위한 능력"을 요구한다는 사실을 강조하는 동시에, "아테네형 신학적 이상"에 충실해 신학적 행위에 참여하는 학생의 내적 소양, 즉 하비투스를 강조한다. 우드는 필자가 사석에서 "켈시가 당신을 평가한 것에 만족하는가?"라고 질문을 던졌을 때, "fair interpretation공정한 해석"이라고 대답한 적이 있다.

그렇다면 종래의 '이론–실천'의 고질적痼疾的 이원화 도식을 넘어서, 이처럼 '파이데이아'와 '비센샤프트'를 창조적으로 통합하기 위해서는 우드가 제시하는 비판적 사유의 두 양상 혹은 두 계기라고 할 수 있는 '통시력'과 '변별력'의 능력과 적성을 기르는 것이 긴요하다. 우드는 필자가 번역한 이 책에서 이사야 벌린Isaiah Berlin이 말한 '고슴도치'와 '여우'라는 상징 비유를 통해서 두 신학적 능력을 설명한다. "여우는 많은 것을 알고 있지만, 고슴도치는 단 하나의 큰 것을 알고 있다." 〈전쟁과 평화〉에서 드러난 톨스토이의 역사관을 해명하고자 벌린은 고대 그리스 시인 아르킬로코스의 시구를 인용했다. 벌린은 이 시구에 착안해서 '고슴도치형'과 '여우형' 사상가를 나눈다. 전자는 만사를 하나의 핵심 비전, 즉 명료하고 일관된 시스템에 연관시킨다. 일원적 체계, 즉 하나의 보편 원리나 단순화된 개념의 빛에서 모든 것을 통전적으로 혹은 전일적全一的으로 조망하려는 비전형 인간이다. 고슴도치가 동그랗게 몸을 똘똘 말아서 하나의 가시 뭉치가 되는 이치다. 반면에 후자는 서로 무관하고 때로 모순되는 다양한 목표를 산발적으로 추구한다. 어떤 추상적인 보편 원리보다는 실제적 행복에 더 충실하면서 삶의 다양성을 구체적이고 세부적으로 살피는 변별형 인간이다. 여우가 여기저기 기웃거리며 복잡하고 산만한 것들을 예리한 촉수觸手로 두루 살피는 이치다.

좀 더 쉽게 설명한다면, 고슴도치형 사상가가 다양한 초목들이 모여서 단 하나의 큰 숲을 이뤄내는 총체성을 볼 줄 아는 '거시적' 인간이라고 한다면, 여우형 사상가는 숲 안에 있는 온갖 나무와 풀 각자의 특수성을 분석하는 일에 뛰어난 '미시적' 인간이다. 고슴도치형은 너무 큰 숲에만 집착한 나머지 각각의 초목이 지니는 개별적 차이점을 경시하는 구심적求心的 약점—중심을 향해 쏠리는 현상—이 있는 반면에, 여우형은 사물이 가지는 연결성과 총체성을 간과하는 경향성 때문에 원심적遠心的 위험성—중심에서 멀어지는 현상—을 갖게 된다. 이것은 고슴도치형으로 대변되는 '이상주의'와 '낭만주의' 그리고 여우형으로 표현되는 '현실주의'와 '사실주의'가 떠안고 있는 치명적 약점이라고 할 수 있다. 문제는 이 양극의 성향이 한 인격체 안에서 서로 대립 투쟁을 벌이기에 십상인데, 균형 잡힌 인간이 되기 위해서는 양자를 조화시킬 필요가 있다.

이제 벌린의 메타포를 신학 훈련 과정에 적용한다면, 신학생이 조직신학을 비롯해 어떤 신학적 사유를 하더라도 복잡한 문제를 하나로 잡아내는 고슴도치의 '통시력' 혹은 '전시력'과 각 부분을 세밀하게 따져보는 여우의 '변별력'을 두루 갖춘 지도자로 성장하도록 가르쳐야 한다. 좋은 신학 사상가가 되려면 고슴도치의 큰 눈과 여우의 섬세한 촉수를 동시에 갖춰야 한다는 말이다. 이것은 단지 신학 사상에만 해당하는 것이 아니고, 설교를 하든 회의를 하든 언제나 진행되는 사안의 전모를 전일적으로 포착해내는 거시적 시야와 미세한 부분도 놓치지 않는 미시적 분별력이 다 필요하다는 뜻이다.

기독교 증언의 '진정성', '진리성', '적합성'

우드의 책에서 배우는 또 한 가지 귀중한 교훈은 '신학'과 '증언'의 구별과 신학 방법론이다. 먼저 그리스도인과 교회가 예수 그리스도를 통해 계시된 하나님에 대해 생각하고 말하고 행동하는 일체의 삶의 양식을 '증언'이라고 한다면, 이처럼 일차적이고 직접적인 자료에 대해서 어느 정도 거리를 둔 채 이차적이고 간접적으로 비판 반성하는 행위를 '신학'으로 구분할 수 있다. 물론 그리스도인의 실존적 자기이해로서의 증언에도 어느 정도 비판적 반성의 여지가 있으므로 신학적 요소가 전혀 없다고는 말할 수 없으나, 하나의 엄격한 공공 학문으로서의 신학을 말할 때는 언제나 "기독교적 증언의 타당성"에 대한 비판적 반성 작업을 의미한다.

'증언'과 '신학'의 이중구분을 염두에 둘 때, 우리의 신학과 목회가 올곧고 건강한 것이 되기 위해서는 이를 판단할 수 있는 한 세트의 규범이 필요하다. 먼저 어떤 그리스도인이나 교회가 예수 그리스도의 인격과 사역에 계시된 하나님에 대해 생각하고 말하고 행동한 일체의 증언이 '타당성validity'을 갖는다고 할 때, 이것은 먼저 "기독교적 증언의 내용에 적합하다"라는 주장이고, 그다음에 "이 증언이 실행되는 상황에 적합하다"라는 주장이다. 기독교적 증언의 내용에 대한 타당성은 다시 두 가지 규범을 충족하는 것과 연관되므로, 실상은 세 규범이라고 해야 옳을 것이다.

그렇다면 우리의 신학이 충분히 타당성이 있는 것이 되기 위해서는 먼저 그 증언 내용에 대한 타당성을 물어야 하는데, 첫째로 '기독교적 진정성Christian authenticity' 혹은 '진정한 기독교성authentic Christianness'을 검토해야 한다. 이 '진정성' 규범을 바로 이해하기 위해서는 이에 반대되는 개념인 '이단'을 생각하면 될 것이다. 그리스도인이나 교회가 예수 그리스도에 대해 증언하는 일체의 행위는 '이단적인 것'이 돼서는 안 되고 예수 그리스도를 신실하게 표현하는, "참으로 기독교적인 것"이 돼야만 한다. 칼 바르트의 말을 빌릴 경우, "교회가 하나님에 대해 하는 말이 예수 그리스도에게서 온 것인가?" 하는 질문을 던져야 한다. 첫 번째 규범을 충족하기 위해서 우리는 끊임없이 자신의 신학과 목회가 '성서'와 '전통'에 정합整合한가를 물어야 하되, 특히 공관 복음서의 사도 증언에 예민한 주의를 기울여야 할 것이다. 우드에 의하면 신학적으로 '성서신학'이나 '교리사', '교회사' 등등 역사적 연구 방법을 취하는 모든 '역사신학' 분과목들이 기독교의 진정성을 탐구하는 과목들이다.

둘째로, 그리스도인이나 교회가 내거는 예수 그리스도에 대한 증언은 '진리 주장truth-claim'을 포함해야 한다. 예컨대, 설교는 회중에게 반드시 진리로 전달돼야만 한다. 의미 없는 빈말이나 횡설수설이 돼서는 안 되고, "미쁘고 모든 사람이 받을 만한"(딤전 1: 15) 진리 주장이 돼야 한다. 이처럼 기독교 증언이 현대인에게 하나의 의미 있는 진리로 수긍되기 위해서는 인간 일반의 공통 경험과 이성에 신뢰를 주는 것이 돼야 한다. 바르트의 말을 빌리면, "그리스도인과 교회의 증언이 진리이신 예수 그리스도와 일치하는지"를 물어야 한다. 두 번째 규범을 충족하기 위해서 우리는 자신의 신학과 목회가 논리정연하며 일관성 있는 방법으로 회중에게 설득력 있게 전달되고 있는지를 끊임없이 반문해야 할 것이다. 우드에 의하면 신학적으로는 철학적 연구 방법을 사용하는 '철학적 신학'이나 '조직신학'이 기독교 증언의 의미와 진리 문제에 관심을 기울이는 분과목들이다.

지금까지 살펴본 두 규범이 기독교 증언의 내용에 대한 타당성과 관련된 이론적 규범이라고 한다면, 세 번째 규범은 기독교 증언이 수행되는 구체적인 상황에 대한 실제적 '적합성fittingness'의 문제다. 바르트의 말을 빌린다면, "그리스도인이나 교회의 증언이 예수 그리스도께로 인도하는가?"라는 질문과 연결된다. 이 규범이야말로 목회 최일선에서 신학 이론을 현장에 직접 적용하는 문제에 가장 중요한 규범이 아닐 수 없다. 제아무리 정교한 신학 이론을 갖췄다고 할지라도, 그 이론을 목회 현장에 적절한 방법으로 접목하지 못한다면, 그런 이론 신학은 적실성relevance을 상실한 공허한 공리空理에 그치고 말 것이다. 그러므로 신학생은 자신이 처한 목회 현장의 특수 상황—즉, 교인들의 성비性比, 학력, 전통, 문화 등등—을 정확히 분석해서 자신의 신학을 현장에 적절한 방법으로 실천할 수 있어야 한다. 우드에 의하면 신학적으로 이른바 '실천신학' 과목들—예컨대, 설교학, 예배학, 상담학, 행정학, 기독교 교육 등등—이 이와 같은 '상황적 적합성' 문제에 관심을 기울이는 분과목들이다.

지금까지 말한 세 규범—즉, '기독교적 진정성', '진리성', '상황에의 적합성'—을 충족하기 위해서는 성서, 전통, 이성, 경험에 대한 총체적 주의 집중이 필요할 것이다. 그리하여 신학 교육은 인격적이며 영적인 훈련을 통한 '존재being'와 신학적인 훈련을 통한 '지식knowing', 목회적 돌봄 훈련을 통한 '실천doing'이 한데 어우러진 전인격적 투신이 돼야 마땅하다.

김홍규

찾아보기

볼프, 크리스티안(Wolff, Christian) 28,
    48n
브라아텐, 칼(Braaten, Carl) 202n
비른바움, 발터(Birnbaum, Walter) 29n
비트겐슈타인, 루트비히(Wittgenstein,
    Ludwig) 167, 168, 174, 193, 195

ㅅ
셀라스, 윌프리드(Sellars, Wilfrid) 58,
    125, 172n
슐라이어마허, 프리드리히(Schleiermacher,
    Friedrich) 17~18, 20n, 31, 33~49, 52,
    81, 82, 123, 150, 211, 220
스토우들린, 칼 프리드리히(Stäudlin, Karl
    Friedrich) 20n, 32n
스트라트만(Stratmann, H.) 93n

ㅇ
아그덴, 슈버트(Ogden, Schubert M.) 12,
    48n, 144n
아놀드, 매튜(Arnold, Matthew) 154
아르킬로쿠스(Archilocus) 156
아리스토텔레스(Aristotle) 18, 69, 146
아펠, 칼-오토(Apel, Karl-Otto) 200
안셀름(Anselm) 192
에드워즈, 조나단(Edwards, Jonathan) 68
에반스(Evans, G. R.) 73n
엑커트, 알프레드(Eckert, Alfred) 44n
오스틴(Austin), J. L. 114
우드, 찰스(Wood, Charles M.) 191n,

    194n
위즈덤, 존(Wisdom, John) 173n, 174
융-엘, 에버하르트(Jüngel, Eberhard) 26,
    33n

ㅈ
제믈러(Semler, J. S.) 45
젠슨, 로버트(Jenson, Robert W.) 202n

ㅋ
칸트, 임마누엘(Kant, Immanuel) 141
켈로프, 에이브러햄(Calov, Abraham)
    191n
칼뱅, 장(Calvin, John) 191

ㅌ
터툴리안(Tertullian) 111
토마스 아퀴나스(Thomas Aquinas) 111
툴민, 스티븐(Toulmin, Stephen)
    133~134, 163n
틸리히, 폴(Tillich, Paul) 39, 123

ㅍ
파스칼, 블레즈(Pascal, Blaise) 150
판넨베르크, 볼프하르트(Pannenberg,
    Wolfhart) 20n
팔머, 크리스티안(Palmer, Christian)
    49~50
패스모어, 존(Passmore, John) 62, 98, 99,
    198, 199

* 쪽수 뒤의 n은 각주 표시임